DIREITO PROCESSUAL DO TRABALHO

da fase de conhecimento às ações especiais

Amanda Viega Spaller

Rua Clara Vendramin, 58 . Mossunguê . Cep 81200-170 . Curitiba . PR . Brasil
Fone: (41) 2106-4170 . www.intersaberes.com . editora@intersaberes.com

Conselho editorial Dr. Ivo José Both (presidente), Dr.ª Elena Godoy, Dr. Neri dos Santos, Dr. Ulf Gregor Baranow ▪ **Editora-chefe** Lindsay Azambuja ▪ **Gerente editorial** Ariadne Nunes Wenger ▪ **Preparação de originais** Letra & Língua Ltda. - ME ▪ **Edição de texto** Arte e Texto, Mycaelle Albuquerque Sales ▪ **Capa** Luana Machado Amaro ▪ **Projeto gráfico** Mayra Yoshizawa ▪ **Diagramação** Rafael Ramos Zanellato ▪ **Designer responsável** Iná Trigo ▪ **Iconografia** Regina Claudia Cruz Prestes

Dados Internacionais de Catalogação na Publicação (CIP)
(Câmara Brasileira do Livro, SP, Brasil)

Spaller, Amanda Viega
   Direito processual do trabalho: da fase de conhecimento às ações especiais/Amanda Viega Spaller. Curitiba: InterSaberes, 2021. (Série Estudos Jurídicos: Direito Empresarial e Econômico)

  Bibliografia.
  ISBN 978-65-89818-14-4

  1. Direito processual do trabalho 2. Direito processual do trabalho – Brasil I. Título. II. Série.

21-61379   CDU-347.9:331

Índices para catálogo sistemático:
1. Direito processual do trabalho   347.9:331
Cibele Maria Dias – Bibliotecária – CRB-8/9427

1ª edição, 2021.

Foi feito o depósito legal.

Informamos que é de inteira responsabilidade da autora a emissão de conceitos.

Nenhuma parte desta publicação poderá ser reproduzida por qualquer meio ou forma sem a prévia autorização da Editora InterSaberes.

A violação dos direitos autorais é crime estabelecido na Lei n. 9.610/1998 e punido pelo art. 184 do Código Penal.

Sumário

13 ▪ Apresentação

17 ▪ Introdução

Parte 1
21 ▪ **Teoria geral do direito processual do trabalho**

Capítulo 1
23 ▪ **Considerações iniciais sobre o processo do trabalho no Brasil**

26 | Conceito de direito processual do trabalho
27 | Princípios do direito processual do trabalho
35 | Orientação jurisprudencial e súmula: diferenças

Capítulo 2
39 ▪ **Organização da Justiça do Trabalho**

42 | Tribunal Superior do Trabalho
46 | Tribunais Regionais do Trabalho
48 | Varas do Trabalho
49 | Serviços auxiliares da Justiça do Trabalho

Capítulo 3
55 ▪ **Ministério Público do Trabalho**

Capítulo 4
61 ▪ Jurisdição e competência da Justiça do Trabalho
64 | Competência material
65 | Competência em razão da pessoa
66 | Competência funcional
67 | Competência territorial
68 | Conflito de competência

Parte 2
71 ▪ Processo do trabalho: fase de conhecimento

Capítulo 5
73 ▪ Início da ação trabalhista
74 | Elementos da ação
76 | Condições da ação
77 | Pressupostos processuais
80 | Conceito de petição inicial e requisitos
86 | Aditamento e emenda da petição inicial

Capítulo 6
91 ▪ Procedimentos e prazos na Justiça do Trabalho
93 | Procedimento ordinário
95 | Procedimento sumário
96 | Procedimento sumaríssimo
97 | Prazos processuais

Capítulo 7
101 ▪ Defesa do réu
102 | Exceção de incompetência
104 | Contestação
112 | Reconvenção
116 | Confissão e revelia

Capítulo 8
121 ▪ Sentença e coisa julgada
122 | Sentença
133 | Coisa julgada

Parte 3
137 ▪ Processo do trabalho: fase recursal

Capítulo 9
139 ▪ Noções gerais dos recursos
140 | Conceito e princípios dos recursos no processo do trabalho
143 | Pressupostos recursais

Capítulo 10
151 ▪ Recursos em espécie
152 | Recurso ordinário
154 | Embargos de declaração
157 | Recurso de embargos no TST
162 | Agravo de instrumento
164 | Agravo de petição
165 | Agravo regimental

165 | Agravo interno
166 | Recurso de revista
174 | Recurso extraordinário
176 | Recurso adesivo
178 | Reclamação constitucional
180 | Pedido de revisão
182 | Correição parcial

Parte 4
185 ▪ **Processo do trabalho: fase de execução**

Capítulo 11
187 ▪ **Cumprimento de sentença e processo de execução**
188 | Liquidação de sentença
193 | Princípios que fundamentam a fase de execução
194 | Modalidades de execução
200 | Competência para a execução da sentença
201 | Penhora
206 | Embargos à execução
208 | Exceção de pré-executividade
209 | Expropriação

Parte 5
215 ▪ **Procedimentos especiais aplicáveis ao processo do trabalho**

Capítulo 12
217 ▪ **Procedimentos especiais: ações em espécie**
218 | Ação de consignação em pagamento
222 | Mandado de segurança

229 | Ação rescisória
233 | Inquérito para apuração de falta grave
236 | Ação monitória
240 | Embargos de terceiro
242 | Ação civil pública
244 | Ação anulatória de cláusulas convencionais

249 ▪ *Considerações finais*
253 ▪ *Lista de siglas*
255 ▪ *Referências*
261 ▪ *Sobre a autora*

À espiritualidade, sempre disposta e pronta a me guiar.

À minha mãe Dulce, pela oportunidade que me proporcionou de viver nesta existência junto às minhas irmãs, Débora e Thalyta, e ao meu irmão, Lucas, que já está em outro plano.

À Ana Paula de Oliveira e à Tiemi Saito, pela parceria de mestrado e por acreditarem no meu trabalho.

Aos meus alunos e às minhas alunas que estão em busca de aprendizado.

À Editora InterSaberes e a toda sua equipe, que levam ao leitor a oportunidade de conhecimento.

Apresentação

O que seria de nós se não tivéssemos o trabalho para o exercício de uma profissão e para o sustento das necessidades que a vida nos apresenta?

O trabalho sempre foi visto por boa parte de nós como algo que gera sofrimento e, para muitas pessoas, é considerado um martírio. Contudo, se observarmos por outra perspectiva, o trabalho é o que nos dá respaldo para o sustento próprio e de nossos familiares, além da oportunidade de exercermos (cada um conforme suas possibilidades) uma atividade que nos traz benefícios e, consequentemente, benefícios para todo o meio social em que vivemos.

Não restam dúvidas, porém, que o processo para a construção dos direitos trabalhistas passou por revoluções e lutas para atingir a dignidade daqueles que vendem sua mão de obra em troca de salários dignos a suas sobrevivências. Dessa forma, a legislação trabalhista passou por inúmeras alterações e construções a fim de garantir justa relação de emprego para empregado e empregador.

A **Consolidação das Leis do Trabalho de 1943** é um instrumento que busca positivar esses direitos e trazer respaldo para aqueles que se comprometem em estar em uma relação de trabalho. Já a **Constituição Federal de 1988** enfatizou o direito ao trabalho como um direito social e positivou, em sua estrutura, diversas normas para garantir o cumprimento desses direitos com maior eficácia.

A maior alteração na legislação trabalhista que ocorreu recentemente foi o advento da Lei n. 13.467, de 13 de julho de 2017 (Brasil, 2017), a chamada *Reforma Trabalhista*, que apresentou uma nova realidade e uma nova perspectiva para o processo do trabalho e para as relações de emprego. Logo, já é possível verificar alterações no entendimento jurisprudencial com relação à nova legislação. Apesar de o processo do trabalho ter legislação própria, em muitos momentos, o Código de Processo Civil é aplicado de forma subsidiária para preencher as lacunas existentes no âmbito trabalhista, mas que são passíveis de adaptações em alguns pontos ao funcionamento da Justiça do Trabalho.

Diante desse contexto, o objetivo deste livro é levar, aos estudantes e aos profissionais que atuam nessa área, conhecimento e informações sobre como ocorre o processo trabalhista na atualidade, desde o estudo de princípios norteadores até a análise das ações de procedimentos especiais utilizadas na Justiça do Trabalho, pautadas, sobretudo, pelo Código de Processo Civil.

Para tanto, a obra foi dividida em cinco partes, de modo a situar o leitor sobre como ocorre o andamento do processo do trabalho. A Parte 1 conta com quatro capítulos que apresentam composição, função, jurisdição e competência da Justiça do Trabalho. Já a Parte 2, também ramificada em quatro capítulos, descreve a fase de conhecimento no referido processo, abordando desde a petição inicial e a defesa do réu até a sentença e a coisa julgada. A Parte 3, constituída por dois capítulos, detalha a fase dos recursos aplicáveis à Justiça do Trabalho. A Parte 4, por sua vez, com apenas um capítulo, esclarece desde a liquidação da sentença até maneiras de o executado se defender na fase de execução. Por fim, a Parte 5, também com um capítulo, trata das principais ações especiais aplicáveis e utilizadas na Justiça do Trabalho.

Construímos todos os capítulos de forma objetiva e fundamentada, abordando apenas a legislação atual. Desse modo, você poderá compreender com maior clareza o processo do trabalho, tema de grande importância na sociedade. Ademais, doutrinadores clássicos, não apenas da área trabalhista, mas também de outras áreas do direito aplicáveis ao processo do trabalho, foram utilizados para tratar de conceitos e explicar determinados assuntos, buscando sempre transmitir de forma acessível o conhecimento.

Então, bons estudos a todos!

Introdução

Caro leitor, este livro é para você!

Este livro é para você que busca, por meio do direito, fazer uma sociedade mais justa à medida que lhe cabe. No entanto, fazer uma sociedade mais justa no mundo do direito não é apenas protocolar uma ação acreditando que, com isso, fará justiça por completo. Sinto informar, mas isso não é suficiente!

Fazer justiça é observar como a sociedade se comporta, como nossos amigos e familiares se comportam e como nós mesmos nos comportamos quando estamos sozinhos e quando estamos diante da sociedade. Nós – futuros ou já operadores do direito – temos o dever de dar exemplo à sociedade em que estamos inseridos. E se escolhemos essa belíssima profissão, é porque temos muito a contribuir para o mundo. O que queremos dizer com isso? Que, para que seja possível fazer uma justiça realmente "justa", é necessário, antes de tudo, estudar muito e compreender como é o mundo e como é o direito para, então, utilizá-lo em prol do nosso próximo. O direito não é para aqueles que "dormem", mas para aqueles que querem e buscam cumprir com suas obrigações nesta existência, ajudando o ser humano a evoluir e a torná-lo cada vez mais digno de viver em um planeta que ainda apresenta desigualdades em todas as esferas.

Ainda na faculdade, havia um professor que sempre repetia uma frase quando um de seus alunos reclamava de algo: "A vida não é justa!". Para alguns, poderia ser apenas mais uma frase que "entrava por um ouvido e saía pelo outro", para outros, porém, ajudava a refletir e a buscar entender o porquê a vida não é justa. E esta é a chave da questão: a reflexão. Ela nos leva a atingir respostas. Sem reflexão, não somos capazes de compreender determinadas situações que a nós são impostas. A reflexão nos leva a observar e, consequentemente, a estudar para melhor compreendermos os fenômenos sociais. Desse modo, podemos nos expressar de forma com que nossa fala leve luz à escuridão que permeia a vida de determinadas pessoas, de forma que não seja algo que apenas "entra por um ouvido e sai pelo outro".

Portanto, este livro é um instrumento de estudo para você que busca esse aprimoramento intelectual. Esperamos que, com ele, você possa ter a base de início para uma grande e incessante jornada de observações, estudos e reflexões, que é do que se trata o direito.

Boa sorte, colega! Que você seja aquele ou aquela que faz a diferença.

Para iniciar a leitura, propomos uma reflexão: A vida é justa para você?

Parte 1

Teoria geral do direito processual do trabalho

Capítulo 1

Considerações iniciais sobre o processo do trabalho no Brasil

O grande marco da legislação trabalhista ocorreu no Governo Getúlio Vargas, com a criação da Consolidação das Leis do Trabalho (CLT) – Decreto-Lei n. 5.452, de 1º de maio de 1943 (Brasil, 1943). O conjunto de mudanças decorrentes da Revolução Industrial foi fundamento para o mundo observar as condições que a classe operária vivia. Sérgio Pinto Martins (2020, p. 30) explica que: "Nasce um tímido Direito do Trabalho com o surgimento da Revolução Industrial. Nesta fase houve a substituição do trabalho manual pelas máquinas, como o tear, a máquina a vapor, de fiar etc.".

Houve todo um decorrer histórico de lutas pela e para a classe trabalhadora no que concerne à conquista de direitos em âmbito mundial. Nesse sentido, Bezerra Leite (2019, p. 56) esclarece:

> Esse quadro de injustiças e desigualdades sociais (e regionais) propiciou o acúmulo de riqueza para poucos e bolsões de pobreza e miséria para muitos. Com o passar dos anos, **o modelo político liberal perdeu a capacidade de organizar uma sociedade marcada pelas diferenças sociais decorrentes da Revolução Industrial.**

Essa mudança advinda da Revolução Industrial deu início ao Estado Social, com o objetivo de adotar melhorias que tinham como destino a classe trabalhadora para compensar as desigualdades até então vividas. No Brasil, o Estado Social foi caracterizado em âmbito do direito do trabalho, com a criação de diversos mecanismos para a proteção e a garantia dos direitos do trabalho, incluindo o processo do trabalho. Na explanação de Leite (2019, p. 57): "No Brasil, a criação da Justiça do Trabalho (1939), a assistência judiciária (Lei n. 1.060/50) aos pobres, o *ius postulandi* e a coletivização do processo trabalhista (dissídio coletivo e ação de cumprimento) caracterizando o processo brasileiro no Estado Social".

Na ditadura militar vivida no Brasil entre os anos de 1964 e 1985, diversos direitos da classe trabalhadora, sofreram um retrocesso, incluindo a repressão aos sindicatos. Contudo, com o advento do Estado Democrático de Direito, os direitos humanos passaram a ser positivados na Carta Magna de 1988 de forma abrangente, garantindo aos trabalhadores novamente seus direitos sociais, que hoje se encontram elencados, em especial, nos arts. 7º e 8º da Constituição Federal (CF) de 1988 (Brasil, 1988). Ademais, o art. 5º da CF de 1988, que trata sobre os direitos fundamentais dos seus cidadãos, contempla diversos princípios, garantindo que a questão processual seja realizada observando o contraditório, a ampla defesa e o devido processo legal.

Portanto, com a instauração da democracia no Brasil, o direito do trabalho ganhou espaço, assim como sua questão processual, ambos encontrando respaldo na CLT de 1943 e, nos casos em que for omissa, o processo do trabalho encontra subsídio no Código de Processo Civil (CPC) – Lei n. 13.105, de 16 de março de 2015 (Brasil, 2015) –, pois os princípios aplicáveis ao processo civil também são aplicáveis ao processo do trabalho, mesmo que não haja menção explícita à essa possibilidade de aplicação.

— 1.1 —
Conceito de direito processual do trabalho

Quando tratamos de conceito, é importante mencionar que não há apenas uma definição absoluta de determinado assunto, visto que os conceitos podem ser mais ou menos abrangentes. Logo, não há conceitos bons ou ruins, mas diversos pontos de vista.

Na visão de Mauro Schiavi (2018, p. 122), o direito processual do trabalho "conceitua-se como o conjunto de princípios, normas e instituições que regem a atividade da Justiça do Trabalho, com o objetivo de dar efetividade à legislação trabalhista social, assegurar o acesso do trabalhados à Justiça e dirimir, com justiça, o conflito trabalhista".

Nas palavras de Cléber Lúcio de Almeida (2006, p. 13), "O direito processual do trabalho, é assim, o conjunto de normas e princípios que organizam e disciplinam a solução judicial dos conflitos de interesses de natureza trabalhista (entendendo-se como tais os que decorrem de uma relação de trabalho ou que sejam conexos à relação de emprego)".

Ainda, para Carlos Henrique Bezerra Leite (2019, p. 130), "O direito processual do trabalho é, portanto, constituído por um sistema de normas, princípios, regras e instituições próprias, pois são esses elementos que o diferenciam do direito processual penal e civil, conferindo-lhe autonomia".

Diante dos conceitos apresentados pelos autores, podemos perceber que, em consonância uns com os outros, todos mencionam que processo do trabalho é um conjunto de normas e regras que tem por objetivo assegurar justiça às partes de um processo. Dessa forma, concluímos que direito processual do trabalho é um ramo autônomo do direito que abrange princípios e regras que estejam em sintonia com a CF e que visem ao melhor andamento processual, garantindo a isonomia entre as partes envolvidas em um processo.

Ademais, podemos complementar afirmando que o processo do trabalho tem por função primordial regulamentar e pacificar o conflito trabalhista e necessita observar as questões de mutação que ocorrem tanto no direito quanto na sociedade para garantir sempre a justiça entre as partes. Ainda, Mauro Schiavi (2018, p. 123) elenca os objetivos do direito processual do trabalho: "a) assegurar o acesso do trabalhador à Justiça do Trabalho; b) impulsionar o cumprimento da legislação trabalhista e da social e; c) dirimir, com justiça, o conflito trabalhista".

— 1.2 —
Princípios do direito processual do trabalho

Apesar de os princípios não serem fonte primária no ordenamento jurídico brasileiro, eles têm extrema relevância para todas as áreas do direito, incluindo o direito processual do trabalho.

Tanto os princípios gerais quanto os específicos contribuem para a harmonia de determinado ordenamento, pois fazem parte de uma ordem jurídica composta por regras e princípios que, juntos, direcionam uma sociedade.

Vejamos o que o Professor Jorge Miranda (1990, p. 197-198) afirma sobre a temática:

> Os princípios não se colocam, pois, além ou acima do Direito (ou do próprio Direito) positivo; também eles – numa visão ampla, superadora de concepções positivistas, literalistas e absolutizantes das fontes legais – fazem parte do complexo ordenamental. Não se contrapõem às normas, contrapõem-se tão somente aos preceitos; as normas jurídicas é que se dividem em normas princípios e normas disposições.

Os princípios fazem parte do ordenamento jurídico brasileiro e devem ser aplicados não apenas nos momentos de lacunas na legislação, mas também como base para a fundamentação no momento da defesa de um direito, bem como no momento da decisão judicial.

O Professor Norberto Bobbio (1995, p. 158) assim entende:

> Os princípios gerais são apenas, ao meu ver, normas fundamentais ou generalíssimas do sistema, as normas mais gerais. A palavra princípios leva a engano, tanto que é velha questão entre os juristas se os princípios gerais são normas. Para mim não há dúvida: os princípios gerais são normas como todas as outras.

Para sustentar que os princípios gerais são normas, o autor apresenta dois argumentos: (1) para que os princípios sejam considerados normas, precisam surgir por meio de "um procedimento de generalização sucessiva"; (2) "a função para qual são extraídos e empregados é a mesma cumprida por todas as normas, isto é, a função de regular um caso" (Bobbio, 1995, p. 159).

É possível notar que um princípio não pode ser entendido como qualquer coisa, há a necessidade de um fundamento para sua aplicação, pois, caso não haja essa distinção, qualquer coisa pode ser princípio, o que não é válido em nosso ordenamento.

Dessa forma, passamos à análise dos principais princípios fundamentais aplicados ao direito processual do trabalho e, em seguida, dos princípios específicos.

— 1.2.1 —
Princípios fundamentais

Conforme já mencionamos, os princípios são aplicados em todas as áreas do direito. No entanto, existem os princípios fundamentais, que são podem ser aplicados em quaisquer áreas do direito, desde o direito penal até ao direito do trabalho. É possível entender o conceito de princípios fundamentais nas palavras de Juarez Freitas (2010, p. 58):

> Por princípios fundamentais entendem-se, por ora, os critérios ou as diretrizes basilares do sistema jurídico, que se traduzem como disposições hierarquicamente superiores, do ponto de

vista axiológico, às normas estritas (regras) a despeito da aparência de mais genéricos e indeterminados. São linhas mestras de acordo com as quais guiar-se-á o intérprete quando se defrontar com as antinomias jurídicas.

Podemos inferir, assim, que os princípios fundamentais são aqueles que encontram respaldos na CF e que embasam todo o ordenamento jurídico, devendo ser observados em todos os âmbitos. Vejamos, a seguir, os principais princípios fundamentais aplicados na esfera processual.

- **Princípio da igualdade ou isonomia** – Esse princípio encontra-se positivado no art. 5º, *caput*, da CF de 1988, que menciona que "todos são iguais perante a lei" (Brasil, 1988). Além de estar relacionado aos objetivos fundamentais da República, envolve a dignidade da pessoa humana, o valor social do trabalho e a livre inciativa (Leite, 2019).
- **Princípio do contraditório** – Também se encontra elencado na Carta Magna como uma garantia constitucional prevista no art. 5º, inciso LV (Brasil, 1988). Leite (2019, p. 84) explica que: "Esse princípio é de mão dupla, isto é, implica a bilateralidade da ação e a bilateralidade do processo, aproveitando, portanto, autor, réu e terceiros participantes da relação jurídica processual".
- **Princípio da ampla defesa** – Encontra-se positivado no art. 5º, inciso LV, da CF de 1988 e atua em conjunto com o princípio do contraditório, pois um complementa o outro, o que

garante uma maior efetividade aos direitos processuais das partes envolvidas em um processo. Logo, deve ser aplicado para todos e em todos os processos.

- **Princípio da imparcialidade do juiz** – Esse princípio é de extrema relevância para que haja isonomia processual, pois o juiz deve apreciar o caso e fundamentar suas decisões conforme as provas inseridas no processo, sem pender para alguma das partes por motivo pessoal, isto é, "sem tendências que possam macular o devido processo legal e favorecer uma parte em detrimento da outra no que tange ao direito fundamental de acesso à justiça" (Leite, 2019, p. 85).

- **Princípio do devido processo legal** – É possível dizer que esse princípio é a base, pois está ligado a todos os outros princípios fundamentais, encontrando-se positivado na Constituição no art. 5º, inciso LIV. Mauro Schiavi (2018, p. 91) esclarece que esse princípio é aplicado ao processo do trabalho "considerando-se a dificuldade de acesso à justiça do trabalhador, a necessidade de celeridade na tramitação do processo e a justiça do procedimento".

Esses são os principais princípios fundamentais garantidos pela CF de 1988 e aplicáveis a todo o ordenamento jurídico, incluindo o direito processual do trabalho. Agora, passamos aos princípios específicos do processo do trabalho.

— 1.2.2 —
Princípios processuais

Diversos princípios aplicáveis ao processo civil também têm aplicação ao processo do trabalho, visto que se trata de princípios processuais e, nas questões em que a CLT for omissa, o CPC é aplicado subsidiariamente e, portanto, os princípios fazem conexão entre si.

- **Princípio da oralidade** – Na Justiça do Trabalho, a oralidade é relevante para os atos processuais. No âmbito de processo civil, esse princípio é aplicado, principalmente, nos juizados especiais, para que haja celeridade processual. Já no processo do trabalho, encontra respaldo no art. 840 da CLT, que prevê que a reclamação pode ser escrita ou verbal e, em seu parágrafo 2º, especifica os requisitos que devem ser observados em caso de petição verbal.

- **Princípio da cooperação ou colaboração** – Esse também é um princípio primariamente aplicável ao processo civil. Apesar de as partes estarem cada uma interessada em resolver seus interesses próprios, há uma tendência em considerar que as partes, juiz e advogados, sem desconfigurar as posições que ocupam, devem estabelecer um papel de cooperação no processo, "objetivando obter maior democracia na condução do processo e uma solução mais efetiva para o conflito, sem centralizar o processo na figura do juiz ou das partes" (Schiavi, 2018, p. 117). Isso se aplica da mesma forma ao processo do trabalho, tanto que já tem demonstrado bons resultados, conforme explica Schiavi (2018, p. 118): "em casos de execuções coletivas, recuperação judicial e falências, a cooperação entre as Justiça do Trabalho e a Justiça Estadual têm obtidos bons resultados na satisfação de execuções trabalhistas".

- **Princípio do ônus da prova** – Esse princípio está regulamentado no CPC e na CLT. O art. 818 da CLT prevê: "A prova das alegações incumbe a parte que as fizer" (Brasil, 1943). A aplicação do ônus da prova é bastante observada na Justiça do Trabalho, tendo em vista a vulnerabilidade do empregado na relação jurídica e as peculiaridades de cada caso. Contudo, em algumas matérias, cabe somente à parte que alegar provar os fatos, como é o caso do pedido de horas-extras.
- **Princípio da verdade real** – Aplicável, em regra, ao processo do trabalho, advém do princípio da primazia da realidade, que incide no direito material do trabalho, e significa dizer que a verdade será considerada como ela realmente ocorreu nas relações de trabalho de forma prática, e não especificamente como o contrato estabelecia. Ademais, o art. 765 da CLT assim dispõe: "Os Juízos e Tribunais do Trabalho terão ampla liberdade na direção do processo e velarão pelo andamento rápido das causas, podendo determinar qualquer diligência necessária ao esclarecimento delas" (Brasil, 1943). Isto é, os juízes podem usar de prerrogativas de ofício para buscar a verdade dos fatos.

- **Princípio da conciliação** – Tanto na Justiça do Trabalho quanto na Justiça Comum, esse princípio é relevante e garantido pela CF. Na Justiça do Trabalho, tal princípio tem fundamental aplicação, pois prevalece o objetivo da conciliação na esfera trabalhista. Uma peculiaridade que a CLT traz sobre a conciliação está prevista no art. 831: "A decisão será proferida depois de rejeitada pelas partes a proposta de conciliação" (Brasil, 1943). Ainda, o parágrafo único desse dispositivo explica que, quando houver a conciliação, o termo lavrado, em regra, valerá como decisão irrecorrível. O índice, de acordo na Justiça do Trabalho, é relevante, e, até o ano de 2019, 24% dos casos foram solucionados mediante conciliação (TST, 2019).
- **Princípio da normatização coletiva** – As convenções coletivas de trabalho podem ser entendidas como uma prerrogativa da Justiça do Trabalho em elaborar legislação. Essa prerrogativa está inserida no art. 114 da CF de 1988, que autoriza as negociações coletivas entre empregado e empregador por meio de seus sindicatos de categoria. Contudo, esse princípio não é absoluto, sendo necessário observar os limites de normatização e negociações coletivas dispostos da CF de 1988 e na própria CLT para que os direitos dos trabalhadores não sejam violados.

— 1.3 —
Orientação jurisprudencial e súmula: diferenças

Para finalizar este capítulo, cabe analisarmos a diferença entre orientação jurisprudencial e súmula, com a finalidade de que o leitor possa perceber a diferença entre esses dois instrumentos jurisprudenciais utilizados como embasamento tanto no direito material quanto no direito processual do trabalho.

— 1.3.1 —
Orientação jurisprudencial

Além da legislação trabalhista positivada na CF, na CLT e demais leis que regulamentam o direito material e o direito processual do trabalho, o ordenamento jurídico pátrio conta com a jurisprudência proferida dos tribunais, que são as orientações jurisprudenciais (OJs) e as súmulas dos tribunais superiores.

A OJ é utilizada apenas na Justiça do Trabalho. Elas disciplinam as mais diversas matérias do direito material e do direito processual do trabalho de forma expressa.

A expressão *orientação jurisprudencial* já revela que se trata de uma orientação editada pelos tribunais do trabalho com o objetivo principal de uniformizar o entendimento de matérias que já foram discutidas reiteradas vezes referentes a um tema específico, orientando as partes do processo com relação a determinado conflito. A OJ não é lei, mas deve ser observada pelos juízes nos momentos de análise e de decisão de um caso concreto.

Os Tribunais Regionais do Trabalho (TRTs) têm suas próprias OJs, de acordo com as demandas referentes à sua competência. O Tribunal Superior do Trabalho (TST) também conta com suas OJs, que são emitidas pelos órgãos quem compõem sua estrutura:

- Subseção I Especializada em Dissídios Individuais (SBDI I);
- Subseção I Especializada em Dissídios Individuais Transitória (SBDIT I): OJs com temas referentes a matérias transitórias e/ou de aplicação restrita ao TST ou a determinado TRT;
- Subseção II Especializada em Dissídios Individuais (SBDI II);
- OJ – Tribunal Pleno/Órgão Especial;
- Seção de Dissídios Coletivos (SDC).

— 1.3.2 —
Súmula

As súmulas também são entendimentos jurisprudenciais de reiteradas decisões sobre determinada matéria. A prerrogativa de edição de súmulas é dos tribunais superiores – nesta obra, analisaremos o TST e o Supremo Tribunal Federal (STF). Contudo, apesar de as súmulas serem entendimentos reiterados dos tribunais, elas não derivam de diversas seções, como ocorre na OJ, e precisam passar por um trâmite de aprovação para serem editadas, exigindo repetição de certa quantidade de decisões e por determinado tempo. Para que uma súmula seja alterada, o processo para alteração ou cancelamento é mais aprofundando e requer uma análise mais detalhada da Corte que a editou.

Dessa forma, súmula é um "Conjunto de, no mínimo, três acórdãos de um mesmo tribunal adotando a mesma interpretação de preceito jurídico em tese. A súmula não tem efeito vinculante, apenas persuasivo" (Guimarães, 2014, p. 241). O art. 702, alínea "f", da CLT menciona que o Conselho Pleno do TST é competente para estabelecer ou alterar súmulas ou outros enunciados de jurisprudência uniforme.

Reiteramos que as súmulas editadas pelo TST não têm efeito vinculante e não são de caráter obrigatório, pois não compete a elas o papel de legislar. Contudo, na Justiça do Trabalho, elas têm grande relevância para a aplicação do direito material e do direito processual nos casos em que a lei é omissa. Logo, as súmulas do TST não são ignoradas no momento da aplicação de interpretação de um direito.

O ordenamento jurídico brasileiro, porém, adotou a súmula vinculante, que é aquela editada pelo STF e cuja observação é vinculante a todos os tribunais. A súmula vinculante editada pelo STF encontra respaldo na CF de 1988, especificamente no art. 103-A, que assim dispõe:

> Art. 103-A. O Supremo Tribunal Federal poderá, de ofício ou por provocação, mediante decisão de dois terços dos seus membros, após reiteradas decisões sobre matéria constitucional, aprovar súmula que, a partir de sua publicação na

> imprensa oficial, terá efeito vinculante em relação aos demais órgãos do Poder Judiciário e à administração pública direta e indireta, nas esferas federal, estadual e municipal, bem como proceder à sua revisão ou cancelamento, na forma estabelecida em lei. (Brasil, 1988)

A súmula vinculante do STF é aplicada a todos os tribunais, incluindo o TST. Apresentando caráter de texto normativo de vinculação geral para casos futuros com situações legislativas atemporais, as súmulas vinculantes passam a ter validade após a publicação e tem prazo de duração indefinido (Streck; Abboud, 2014).

Portanto, é possível concluir que a OJ é editada de forma mais dinâmica e por diversas seções dentro do Tribunal. Já a súmula exige critérios para sua aprovação e edição mais complexos, é editada pelo Pleno do Tribunal e requer quantidade específica e por determinado tempo sobre as decisões reiteradas pelo tribunal sobre a mesma temática.

É interessante visitar o *site* do TST (https://www.tst.jus.br) para visualizar de forma atualizada todas as súmulas e as OJs de todas as seções. Há muito a ser explorado não apenas no que concerne à legislação e à jurisprudência, mas também sobre notícias atualizadas relacionadas ao direito do trabalho.

Capítulo 2

Organização da Justiça do Trabalho

O Brasil adota o princípio da separação dos Três Poderes: Legislativo, Executivo e Judiciário. Com o advento da Constituição Federal (CF) de 1988, que instaurou o Estado Democrático após um período de ditadura, o Poder Judiciário ganhou forças e competências para além daquelas de administração da Justiça. A CF de 1988 abrange, do art. 92 até o art. 134, a organização e as competências do Poder Judiciário e, nesse capítulo, está inserida a organização da Justiça do Trabalho.

O texto constitucional, no art. 92, com redação dada pela Emenda Constitucional (EC) n. 45/2004, organiza o Poder Judiciário brasileiro da seguinte forma:

> Art. 92. São órgãos do Poder Judiciário:
>
> I – o Supremo Tribunal Federal;
>
> I-A – o Conselho Nacional de Justiça;
>
> II – o Superior Tribunal de Justiça;
>
> II-A – o Tribunal Superior do Trabalho;
>
> III – os Tribunais Regionais Federais e Juízes Federais;
>
> IV – os Tribunais e Juízes do Trabalho;
>
> V – os Tribunais e Juízes Eleitorais;
>
> VI – os Tribunais e Juízes Militares;
>
> VII – os Tribunais e Juízes dos Estados e do Distrito Federal e Territórios. (Brasil, 1988)

Nota-se que o Supremo Tribunal Federal (STF) está no topo da escala dos tribunais elencados na Constituição, pois sua principal função é a defesa da Carta Magna do Brasil. Contudo, isso não exime os demais tribunais de atuar na defesa da Constituição. Logo, não há como defender toda a estrutura dos direitos e das garantias fundamentais do Estado de Direito se não houver esse Poder.

Realizada a análise principal da estrutura do Poder Judiciário, passamos a examinar especificamente a estrutura da Justiça do Trabalho.

Bezerra Leite (2019) destaca que a organização da Justiça do Trabalho sofreu influência do sistema da Itália fascista, que visava manter um ramo específico do Poder Judiciário solucionando os conflitos de âmbito trabalhista. O Brasil manteve essa estrutura em suas Constituições. Na maioria das Constituições brasileiras, a estrutura da Justiça do Trabalho foi mantida, contudo, nem sempre foi independente. Foi com a EC n. 24/1999 que a composição da Justiça do Trabalho passou por relevante transformação.

A estrutura da Justiça do Trabalho encontra-se organizada no art. 111 da CF de 1988: "Art. 111. São órgãos da Justiça do Trabalho: I – o Tribunal Superior do Trabalho; II – os Tribunais Regionais do Trabalho; III – Juízes do Trabalho" (Brasil, 1988).

Observamos, assim, que na Justiça do Trabalho também ocorre a hierarquia entre os tribunais, sendo o Tribunal Superior do Trabalho (TST) a instância máxima específica da esfera trabalhista.

— 2.1 —
Tribunal Superior do Trabalho

O primeiro tribunal que analisaremos é o TST, que tem sede em Brasília, mas a sua jurisdição é válida em todo o território nacional. A EC n. 45/2004 inseriu o art. 111-A à CF de 1988, que dispõe sobre a composição desse tribunal, vejamos:

> Art. 111-A. O Tribunal Superior do Trabalho compor-se-á de vinte e sete Ministros, escolhidos dentre brasileiros com mais de trinta e cinco anos e menos de sessenta e cinco anos, de notável saber jurídico e reputação ilibada, nomeados pelo Presidente da República após aprovação pela maioria absoluta do Senado Federal, sendo:
>
> I – um quinto dentre advogados com mais de dez anos de efetiva atividade profissional e membros do Ministério Público do Trabalho com mais de dez anos de efetivo exercício, observado o disposto no art. 94;
>
> II – os demais dentre juízes dos Tribunais Regionais do Trabalho, oriundos da magistratura da carreira, indicados pelo próprio Tribunal Superior. (Brasil, 1988)

O Regimento Interno do TST (RITST) dispõe sobre a organização do tribunal e seu funcionamento interno, tendo sido aprovado pela Resolução Administrativa n. 1.937, de 20 de novembro de 2017 (TST, 2017). Nos termos do art. 65 do RITST, o TST é composto pelos seguintes órgãos:

Art. 65. São órgãos do Tribunal Superior do Trabalho:

I – Tribunal Pleno;

II – Órgão Especial;

III – Seção Especializada em Dissídios Coletivos;

IV – Seção Especializada em Dissídios Individuais, dividida em duas subseções;

V – Turmas.

Parágrafo único. São órgãos que funcionam junto ao Tribunal Superior do Trabalho:

I – Escola Nacional de Formação e Aperfeiçoamento de Magistrados do Trabalho (ENAMAT);

II – Conselho Superior da Justiça do Trabalho (CSJT);

III – Centro de Formação e Aperfeiçoamento de Assessores e Servidores do Tribunal Superior do Trabalho (CEFAST);

IV – Ouvidoria. (TST, 2017)

O art. 66 do RITST prevê que os ministros poderão escolher a Seção Especializada e a Turma que desejam integrar para compor os órgãos do tribunal, desde que respeitados os critérios de antiguidade. A seguir, vejamos como funcionam os órgãos do TST:

- **Tribunal Pleno** – É composto por todos os 27 ministros que compõem a Corte. Para que funcione o Tribunal Pleno, é imperiosa a presença de, no mínimo, 14 ministros, sendo necessária a maioria absoluta para tratar sobre: escolha dos nomes que integrarão a lista tríplice destinada à vaga de ministro do tribunal; aprovação de emenda regimental; eleição dos ministros para os cargos de direção do tribunal; edição, revisão ou cancelamento de súmula, orientação jurisprudencial (OJ) e precedente normativo; e declaração de inconstitucionalidade (RITST, art. 68; TST, 2017).

- **Órgão Especial** – Nos termos do art. 69 do RITST, o Órgão Especial é composto por 14 ministros, sendo 7 por antiguidade, 7 por eleição e 3 suplentes. São integrantes do Órgão Especial o presidente e o vice-presidente do TST e outros ministros mais antigos e já eleitos (TST, 2017).
- **Seção Especializada em Dissídios Coletivos (SDC)** – Essa seção é constituída pelo presidente e pelo vice-presidente do TST, pelo Corregedor-Geral da Justiça do Trabalho e por mais 6 ministros. Para que funcione essa Seção, o quórum é de 5 ministros e, na falta de quórum, deve ser convocado um ministro para substituir aquele ausente (RITST, art. 70; TST, 2017).
- **Seção Especializada em Dissídios Individuais (SDI)** – A SDI é composta por 21 ministros, inclusos entre estes o presidente e o vice-presidente do TST e o corregedor-geral da Justiça do Trabalho. Essa seção funciona por meio do Tribunal Pleno ou é dividida em duas subseções para julgar os processos que são de sua competência. Suas deliberações só podem ocorrer pelo voto da maioria absoluta de seus membros (RITST, art. 71; TST, 2017).

- **Subseção I Especializada em Dissídios Individuais (SBDI-1)** – Integrada por 14 ministros, inclusos entre estes o presidente e o vice-presidente do TST e o corregedor-geral da Justiça do Trabalho; os demais 11 ministros devem ser, de preferência, presidentes de Turma. Exige o mínimo de 8 ministros para funcionar e, na falta de quórum, é necessária a convocação de um ministro para substituir aquele ausente (RITST, art. 71, § 2º; TST, 2017).

- **Subseção II Especializada em Dissídios Individuais (SBDI-2)** – Composta por 10 ministros, inclusos entre estes o presidente e o vice-presidente do TST e o corregedor-geral da Justiça do Trabalho. Exige o mínimo de 6 ministros para o funcionamento e a falta de quórum também demanda a convocação de ministro para substituir o ausente (RITST, art. 71, § 4º; TST, 2017).

- **Turmas** – Nos termos do art. 73 do RITST, cada Turma é constituída por 3 ministros e presididas conforme os critérios que são estabelecidos pelo próprio Regimento. Para que ocorra os julgamentos nas Turmas, é necessária a presença de 3 ministros (TST, 2017).

O TST é o competente para apreciar recurso de revista que preencher os pressupostos para a análise do tribunal e uniformizar a jurisprudência decorrente de matéria trabalhista no Brasil.

— 2.2 —
Tribunais Regionais do Trabalho

Os Tribunais Regionais do Trabalho (TRTs) são tribunais que constituem a 2ª instância da Justiça do Trabalho. Existem 24 TRTs no Brasil, distribuídos em todo o território nacional. Em razão da numerosa população, o estado de São Paulo tem dois TRTs – o da 2ª Região, localizado na capital do estado, e o da 15ª Região, localizado em Campinas.

A Resolução n. 104, de 25 de maio de 2012, do Conselho Superior da Justiça do Trabalho, denomina os magistrados que atuam na área trabalhista da seguinte forma: na 1ª e 2ª instâncias, são chamados de *juiz do trabalho substituto, juiz titular de vara do trabalho* e *desembargador do trabalho* (CSJT, 2012).

Vejamos, agora, a composição dos TRTs. O art. 115 da CF de 1988 assim disciplina:

> Art. 115. Os Tribunais Regionais do Trabalho compõem-se de, no mínimo, sete juízes, recrutados, quando possível, na respectiva região, e nomeados pelo Presidente da República dentre brasileiros com mais de trinta e menos de sessenta e cinco anos, sendo:
>
> I – um quinto dentre advogados com mais de dez anos de efetiva atividade profissional e membros do Ministério Público

do Trabalho com mais de dez anos de efetivo exercício, observado o disposto no art. 94[1];

II – os demais, mediante promoção de juízes do trabalho por antiguidade e merecimento, alternadamente. (Brasil, 1988)

As competências do TRTs, nos termos do art. 96 da CF de 1988, são:

a) eleger seus órgãos diretivos e elaborar seus regimentos internos, com observância das normas de processo e das garantias processuais das partes, dispondo sobre a competência e o funcionamento dos respectivos órgãos jurisdicionais e administrativos;

b) organizar suas secretarias e serviços auxiliares e os dos juízos que lhes forem vinculados, velando pelo exercício da atividade correicional respectiva;

c) prover, na forma prevista nesta Constituição, os cargos de juiz de carreira da respectiva jurisdição;

d) propor a criação de novas varas judiciárias;

e) prover, por concurso público de provas, ou de provas e títulos, obedecido o disposto no art. 169, parágrafo único, os

---

1 "Art. 94. Um quinto dos lugares dos Tribunais Regionais Federais, dos Tribunais dos Estados, e do Distrito Federal e Territórios será composto de membros, do Ministério Público, com mais de dez anos de carreira, e de advogados de notório saber jurídico e de reputação ilibada, com mais de dez anos de efetiva atividade profissional, indicados em lista sêxtupla pelos órgãos de representação das respectivas classes. Parágrafo único. Recebidas as indicações, o tribunal formará lista tríplice, enviando-a ao Poder Executivo, que, nos vinte dias subseqüentes, escolherá um de seus integrantes para nomeação." (Brasil, 1988).

cargos necessários à administração da Justiça, exceto os de confiança assim definidos em lei;

f) conceder licença, férias e outros afastamentos a seus membros e aos juízes e servidores que lhes forem imediatamente vinculados; [...]. (Brasil, 1988)

Explica Bezerra Leite (2019, p. 186) que, com a EC n. 45/2004, passou-se a permitir que os TRTs funcionem de forma descentralizada, "sob a criação de Câmaras Regionais que assegurem o pleno acesso do jurisdicionado à justiça".

— 2.3 —
Varas do Trabalho

As Varas do Trabalho são onde ocorre, em regra, o início do processo na Justiça do Trabalho. São os órgãos de primeira instância. A jurisdição é local, pois abrange um ou mais municípios menores. Cada TRT apresentará a jurisdição das Varas do Trabalho.

Em cada Vara do Trabalho atuam um juiz do trabalho titular e um juiz do trabalho substituto, que são nomeados pelo desembargador presidente do TRT respectivo da região após aprovação em concurso público. Ressaltamos que o juiz titular é fixo na Comarca em que se encontra, e o substituto, não (Leite, 2019).

A competência das Varas do Trabalho são aquelas mesmas elencadas no art. 114 da CF de 1988, visto que esse dispositivo trata sobre as competências da Justiça do Trabalho como um todo, que serão elencadas em capítulo adiante específico sobre competência.

As Varas do Trabalho, é possível afirmar, são os locais onde se encontra o maior número de processos inseridos na Justiça do Trabalho, pois elas atuam em 1ª instância e recebem todas as matérias de direito do trabalho admitidas conforme as competências já citadas.

Todos os órgãos que compõem a Justiça do Trabalho, além da necessidade de observarem suas competências, devem manifestar-se de acordo com a legislação pátria, tanto a Constituição Federal quanto os princípios e as regras que regem o processo do trabalho. Diante de lacuna no direito processual do trabalho, o Código de Processo Civil (CPC) deve ser observado e aplicado nas circunstâncias cabíveis ao bom andamento processual.

— 2.4 —
Serviços auxiliares da Justiça do Trabalho

Os serviços auxiliares são aqueles que atuam dentro da Justiça do Trabalho, como é o caso das secretarias e seus serviços auxiliares. Essa estrutura é de suma importância para a garantia do andamento processual de forma equilibrada, observando as regras processuais abrangentes pelo direito do trabalho. São órgãos que atuam na Justiça do Trabalho os distribuidores, as secretarias e os oficiais de justiça.

Conforme já visto, é de competência do tribunal organizar suas secretarias e os serviços auxiliares necessários para o exercício das atividades referentes às suas jurisdições, dessa forma, verificamos importância desses serviços. Os serviços auxiliares encontram-se inseridos em todas as instâncias da Justiça do Trabalho, cada um atendendo a demanda do tribunal a que estão subordinados.

Rodolfo Pamplona Filho e Tercio Roberto Peixoto Souza (2020) manifestam-se no sentido de que o Poder Judiciário só pode funcionar de forma eficaz com a atuação de servidores capazes de dar cumprimento às manifestações judiciais e aos requisitos burocráticos, bem como praticar todos os atos necessários para que ocorra o melhor serviço desse Poder perante a sociedade.

Os serventuários que atuam nos serviços auxiliares da Justiça do Trabalho são servidores públicos federais que observam o regulamento previsto na Lei n. 8.112/1990 e são aprovados mediante concurso público de provas e títulos, nos moldes exigidos no art. 37, inciso II, da CF de 1988.

As competências das secretarias das Juntas do Trabalho estão elencadas no art. 711 da Consolidação das Leis do Trabalho (CLT) – aprovada pelo Decreto-Lei n. 5.452, de 1º de maio de 1943 –, quais sejam:

Art. 711. Compete à secretaria das Juntas:

a) o recebimento, a autuação, o andamento, a guarda e a conservação dos processos e outros papéis que lhe forem encaminhados;

b) a manutenção do protocolo de entrada e saída dos processos e demais papéis;

c) o registro das decisões;

d) a informação, às partes interessadas e seus procuradores, do andamento dos respectivos processos, cuja consulta lhes facilitará;

e) a abertura de vista dos processos às partes, na própria secretaria;

f) a contagem das custas devidas pelas partes, nos respectivos processos;

g) o fornecimento de certidões sobre o que constar dos livros ou do arquivamento da secretaria;

h) a realização das penhoras e demais diligências processuais;

i) o desempenho dos demais trabalhos que lhe forem cometidos pelo Presidente da Junta, para melhor execução dos serviços que lhe estão afetos. (Brasil, 1943)

Em cada secretaria haverá um diretor designado pelo tribunal a que está submetida. O TST também tem secretarias, que exercem atribuições similares às dos TRTs. Apesar de os Cartórios de

Juízos de Direito não estarem submetidos à Justiça do Trabalho, quando for o caso de atuarem dentro da jurisdição trabalhista, terão as mesmas atribuições confiadas às secretarias das Varas do Trabalho. Vejamos as considerações a seguir:

> Embora não façam parte, propriamente, da estrutura do Poder Judiciário Trabalhista, os Cartórios dos Juízes de Direito terão as mesmas atribuições conferidas às Secretarias das Varas do Trabalho quando se verifique a atuação dos Juízes de Direito no exercício da jurisdição trabalhista, devendo-se preservar, também nessa hipótese, a distribuição das reclamações, na hipótese de mais de um Juízo de Direito competente. De modo análogo aos diretores das Secretarias perante a Justiça do Trabalho, aos escrivães dos Juízes de Direito, quando investidos na jurisdição trabalhista, incumbirão as mesmas atribuições daqueles, já referidas. (Pamplona Filho; Souza, 2020, p. 85)

Com relação aos oficiais de justiça, estes atuam, em regra, na fase de execução do processo, realizando penhora de bens, citação, avaliação de bens e busca e apreensão dos bens penhorados. O art. 721 da CLT incumbe aos oficiais de justiça a realização dos atos decorrentes da execução dos processos das Varas de Conciliação e dos TRTs a que estão submetidos.

Leite (2019, p. 192) pondera que, na fase de conhecimento processual, o oficial de justiça avaliador "somente ocorre em situações excepcionais, como a intimação coercitiva de testemunha ou citação do reclamado que tenho endereço certo, porém situado em zonas rurais não servidas pelos Correios ou de difícil acesso".

Quando ocorre falta de oficial de justiça avaliador, o juiz da vara poderá indicar que qualquer outro servidor realize o ato do oficial. Esse servidor qualquer fica denominado como oficial *ad hoc* e, quando atua nessa função, a ele são atribuídas as prerrogativas do oficial de justiça, inclusive com o apoio policial se necessário. O servidor, porém, não poderá arguir o desvio da função nem qualquer outra vantagem do oficial de justiça (Leite, 2019).

Capítulo 3

Ministério Público do Trabalho

O Ministério Público do Trabalho não pertence ao Poder Judiciário, mas atua de forma conjunta na defesa da lei. É um órgão de importância para o direito do trabalho, pois exerce a defesa dos trabalhadores que têm seus direitos violados e em outros momentos que lhe compete. Bezerra Leite (2019, p. 2.014) conceitua *Ministério Público* da seguinte maneira:

> A expressão "ministério público" pode ser entendida em sentido genérico ou restrito. Em sentido genérico, diz respeito a todos os que exercem função pública. Já no sentido restrito, a expressão *ministère public* passou a ser usada nos provimentos legislativos do século XVIII, ora se referindo a funções próprias do ofício, ora a um magistrado específico, incumbindo do dever-poder de exercitá-lo. No regime francês, por exemplo, os procuradores do rei preocupavam-se apenas com a defesa dos interesses privados do rei, mas com o correr do tempo eles passaram a exercer, cumulativamente, funções de interesse público e do próprio Estado.

No Brasil, o Ministério Público foi mencionado a primeira vez em 1847, e as Constituições da época tratavam pouco desse órgão, contudo, sempre esteve vinculado ou ao Poder Executivo, ou ao Poder Legislativo. Com o advento da Constituição de 1988, o Ministério Público foi desvinculado de qualquer Poder, tornando-se independente. Vejamos o art. 127 da Constituição Federal (CF) de 1988: "O Ministério Público é instituição permanente, essencial à função jurisdicional do Estado, incumbindo-lhe a defesa da ordem jurídica, do regime democrático e dos interesses sociais e individuais indisponíveis" (Brasil, 1988).

Percebemos, assim, que a competência do Ministério Público é abrangente, sendo responsável por manter a defesa da ordem jurídica no Estado Democrático de Direito e tendo por princípios basilares a indivisibilidade e a independência funcional, nos termos do parágrafo 1º do art. 127 da CF de 1988.

O Ministério Público do Trabalho (MPT) está respaldado no art. 128, inciso I, alínea "b", da CF de 1988, e seus membros são indicados pelo próprio MPT. O MPT é um órgão do Ministério Público da União (MPU), que atua diretamente ligado à Justiça do Trabalho. Nesse contexto, é possível inferir que o MPT é um segmento especializado do MPU.

Em 1993, foi instaurada a Lei Complementar n. 75, de 20 de maio de 1993 (Brasil, 1993), ou Lei Orgânica do Ministério Público da União, que versa sobre a organização, as atribuições e o Estatuto do MPU, em que se encontram inseridas também as atribuições do MPT entre os arts. 83 e 115. O capítulo do MPT é composto por 10 seções que regulamentam os seguintes assuntos e órgãos: Seção I – Da Competência, dos Órgãos e da Carreira; Seção II – Do Procurador-Geral do Trabalho; SEÇÃO III – Do Colégio de Procuradores do Trabalho; Seção IV – Do Conselho Superior do Ministério Público do Trabalho; Seção V – Da Câmara de Coordenação e Revisão do Ministério Público do Trabalho; Seção VI – Da Corregedoria do Ministério Público do Trabalho; Seção VII – Dos Subprocuradores-Gerais do Trabalho;

Seção VIII – Dos Procuradores Regionais do Trabalho; Seção IX – Dos Procuradores do Trabalho; Seção X – Das Unidades de Lotação e de Administração (Brasil, 1993).

No Capítulo II da referida lei encontram-se as atribuições e as formas de atuação do MPT na Justiça do Trabalho. Vejamos o disposto no art. 83:

> Art. 83. Compete ao Ministério Público do Trabalho o exercício das seguintes atribuições junto aos órgãos da Justiça do Trabalho:
>
> I – promover as ações que lhe sejam atribuídas pela Constituição Federal e pelas leis trabalhistas;
>
> II – manifestar-se em qualquer fase do processo trabalhista, acolhendo solicitação do juiz ou por sua iniciativa, quando entender existente interesse público que justifique a intervenção;
>
> III – promover a ação civil pública no âmbito da Justiça do Trabalho, para defesa de interesses coletivos, quando desrespeitados os direitos sociais constitucionalmente garantidos;
>
> IV – propor as ações cabíveis para declaração de nulidade de cláusula de contrato, acordo coletivo ou convenção coletiva que viole as liberdades individuais ou coletivas ou os direitos individuais indisponíveis dos trabalhadores;
>
> V – propor as ações necessárias à defesa dos direitos e interesses dos menores, incapazes e índios, decorrentes das relações de trabalho;

VI – recorrer das decisões da Justiça do Trabalho, quando entender necessário, tanto nos processos em que for parte, como naqueles em que oficiar como fiscal da lei, bem como pedir revisão dos Enunciados da Súmula de Jurisprudência do Tribunal Superior do Trabalho;

VII – funcionar nas sessões dos Tribunais Trabalhistas, manifestando-se verbalmente sobre a matéria em debate, sempre que entender necessário, sendo-lhe assegurado o direito de vista dos processos em julgamento, podendo solicitar as requisições e diligências que julgar convenientes;

VIII – instaurar instância em caso de greve, quando a defesa da ordem jurídica ou o interesse público assim o exigir;

IX – promover ou participar da instrução e conciliação em dissídios decorrentes da paralisação de serviços de qualquer natureza, oficiando obrigatoriamente nos processos, manifestando sua concordância ou discordância, em eventuais acordos firmados antes da homologação, resguardado o direito de recorrer em caso de violação à lei e à Constituição Federal;

X – promover mandado de injunção, quando a competência for da Justiça do Trabalho;

XI – atuar como árbitro, se assim for solicitado pelas partes, nos dissídios de competência da Justiça do Trabalho;

XII – requerer as diligências que julgar convenientes para o correto andamento dos processos e para a melhor solução das lides trabalhistas;

XIII – intervir obrigatoriamente em todos os feitos nos segundo e terceiro graus de jurisdição da Justiça do Trabalho, quando a parte for pessoa jurídica de Direito Público, Estado estrangeiro ou organismo internacional. (Brasil, 1993)

Tendo em vista que o Ministério Público atua como fiscal da ordem jurídica, o Professor Schiavi (2018, p. 221) esclarece que este "não atuará como parte, mas interveniente, a fim de que o ordenamento jurídico seja cumprido, bem como o interesse público". Ainda explica o professor: "Na qualidade de *custos legis*, o Ministério Público fará manifestações nos autos, na forma de parecer, bem como poderá fazer requerimentos e recorrer da decisão" (Schiavi, 2018, p. 221). Contudo, em outras atuações do MPT, em especial quando este é o autor da ação, Schiavi (2018, p. 224) refere-se ao MPT como parte: "Como parte, é mais comum a atuação do MPT como autor da ação (órgão agente), tal como ocorre nas hipóteses previstas no art. 83, incisos, I, III, IV, V, VIII, e X da LC n. 75/93" (Schiavi, 2018, p. 224).

No tocante às formas de atuação do MPT, estas podem ser judicial ou extrajudicial. A atuação judicial ocorre por meio de um processo em que poderá atuar como autor ou réu, ou simplesmente como fiscal da lei. A atuação extrajudicial, em regra, ocorre por via administrativa, que pode converter-se em via judicial (Leite, 2019).

O MPT é competente para ajuizar ação civil pública, ação civil coletiva e ação anulatória. Essas ações são instrumentos de atuação do MPT com a finalidade de defender os interesses coletivos no âmbito da Justiça do Trabalho.

Capítulo 4

Jurisdição e competência da Justiça do Trabalho

Jurisdição e competência são assuntos correlacionados no âmbito do direito processual, independentemente do ramo. A competência está atrelada aos tipos de causa que um juízo pode atuar. Já a jurisdição relaciona-se ao poder que o Estado tem para aplicar o direito (princípios e regras pertencentes ao Estado) a determinado caso concreto, que, nesse caso, é realizado pelo Poder Judiciário.

Pamplona Filho e Souza (2020, p. 102) definem **jurisdição** como "o poder-dever estatal de dizer o direito, não de forma genérica e abstrata, mas direcionada, *in concreto*, para a solução das querelas entre as partes"; e **competência** como "a medida ou quantidade de jurisdição, ou melhor, a definição para a própria divisão do trabalho de dizer o direito".

Mário Guimarães (1958, p. 56), de forma sucinta, afirma que "A jurisdição é um todo. A competência uma fração. Pode um juiz ter jurisdição sem competência. Não poderá ter competência sem jurisdição".

A competência da Justiça do Trabalho encontra-se prevista na Constituição Federal (CF) de 1988 no art. 114. Aqui, citaremos aquelas competências já alteradas pela Emenda Constitucional (EC) n. 45/2004. Vejamos:

> Art. 114. Compete à Justiça do Trabalho processar e julgar:
>
> I – as ações oriundas da relação de trabalho, abrangidos os entes de direito público externo e da administração pública direta e indireta da União, dos Estados, do Distrito Federal e dos Municípios;

II – as ações que envolvam exercício do direito de greve;

III – as ações sobre representação sindical, entre sindicatos, entre sindicatos e trabalhadores, e entre sindicatos e empregadores;

IV – os mandados de segurança, *habeas corpus* e *habeas data*, quando o ato questionado envolver matéria sujeita à sua jurisdição;

V – os conflitos de competência entre órgãos com jurisdição trabalhista, ressalvado o disposto no art. 102, I, o;

VI – as ações de indenização por dano moral ou patrimonial, decorrentes da relação de trabalho;

VII – as ações relativas às penalidades administrativas impostas aos empregadores pelos órgãos de fiscalização das relações de trabalho;

VIII – a execução, de ofício, das contribuições sociais previstas no art. 195, I, a, e II, e seus acréscimos legais, decorrentes das sentenças que proferir;

IX – outras controvérsias decorrentes da relação de trabalho, na forma da lei. (Brasil, 1988)

Com relação à competência sobre as funções e sobre o território da Justiça do Trabalho, estas são reguladas por lei específica.

— 4.1 —
Competência material

Há diversos tipos de competência. Primeiramente, abordaremos a competência material, que é aquela relacionada a colocar em prática as normas constitucionais e aquelas pertencentes à legislação trabalhista por meio das ações pertinentes a cada matéria a ser discutida.

Bezerra Leite (2019, p. 242) explica competência material da seguinte forma: "A competência em razão da matéria no processo do trabalho é delimitada em virtude da natureza da relação jurídica material deduzida em juízo. Tem-se entendido que a determinação da competência material da Justiça do Trabalho é fixada em decorrência da causa de pedir e do pedido".

O art. 114 da CF de 1988, já citado, regulamenta as competências materiais originais da Justiça do Trabalho, que são oriundas da relação de trabalho. Andréa Presas Rocha (2008, p. 33-34) explica com mais detalhes:

> A competência material original deve ser entendida como a parcela de jurisdição acometida à Justiça do Trabalho por meio de normas constitucionais de eficácia pela, que, por tal natureza, dispensam regulamentação. Em outras palavras, a previsão constitucional é bastante por si mesma para atrair a competência material da Justiça do Trabalho, dispensando a regulamentação em nível infraconstitucional.

Após o advento da EC n. 45/2004, foi acrescido o inciso IX ao art. 114 da Constituição, o qual menciona "outras controvérsias decorrentes da relação de trabalho, na forma da lei" (Brasil, 1988). Com a inserção desse dispositivo na CF de 1988, aquelas ações que não são originárias da relação de trabalho, mas são regulamentadas pelas normas trabalhistas, podem se tornar derivadas quando a legislação comum não regulamentar, como é o caso do trabalho autônomo prestado por profissional liberal. Vejamos a explanação de Bezerra Leite (2019, p. 313) sobre o assunto: "se houver lei dispondo que a controvérsia oriunda da determinada relação de trabalho é da competência da Justiça Comum, com esta permanecerá até que sobrevenha lei nova transferindo tal competência para o âmbito da Justiça do Trabalho".

— 4.2 —
Competência em razão da pessoa

A competência em razão da pessoa é aquela que se refere às partes que poderão litigar em âmbito da Justiça do Trabalho. Explica Presas Rocha (2008, p. 66): "A competência em razão da pessoa está intrinsicamente ligada à competência em razão da matéria. O critério para fixação da competência *ex ratione personae* tem em vista a condição dos sujeitos envolvidos".

O art. 114 da CF de 1988 menciona, em determinados incisos, as partes competentes para litigar na Justiça do trabalho, que são: os entes de direito público externo e da Administração

Pública direta e indireta da União, dos estados, do Distrito Federal e dos municípios; a representação sindical entre sindicatos, entre sindicatos e trabalhadores e entre sindicatos e empregadores; o Instituto Nacional do Seguro Social (INSS); o Ministério Público do Trabalho (nos termos do § 3º do art. 114) e, por óbvio, o empregado e o empregador.

— 4.3 —
Competência funcional

Essa competência está relacionada a certas atribuições especialmente destinadas a órgãos judiciais em determinados processos. Bezerra Leite (2019) esclarece que a competência em razão da função pode ocorrer de forma vertical ou horizontal. Na forma vertical, a competência é fixada de acordo com o sistema de hierarquia das normas pertencentes ao ordenamento jurídico, entre os diversos órgãos judiciais. Já a horizontal está relacionada aos órgãos do mesmo grau de jurisdição.

Explica Rocha (2008, p. 88): "A competência funcional é fixada de acordo com a natureza das atribuições acometidas aos diferentes órgãos do Poder Judiciário num mesmo processo, o que significa que, dentro de um mesmo processo, diferentes funções (ou atribuições) podem caber a diferentes juízes".

Para a análise da competência em razão da função, devemos observar a CF de 1988 no art. 113, as leis processuais, a Consolidação das Leis do Trabalho (CLT) – aprovada pelo Decreto-Lei n. 5.452, de 1º de maio de 1943 (Brasil, 1943) – e os regimentos internos dos tribunais.

— 4.4 —
Competência territorial

A competência territorial é aquela relacionada ao local em que a ação trabalhista deve ser ajuizada. De acordo com o art. 651 da CLT, a regra geral de competência territorial é a seguinte: "A competência das Juntas de Conciliação e Julgamento é determinada pela localidade onde o empregado, reclamante ou reclamado, prestar serviços ao empregador, ainda que tenha sido contratado noutro local ou no estrangeiro" (Brasil, 1943).

Portanto, a regra é o local onde o empregado prestou serviço para o empregador, independentemente de onde este tenha sua sede localizada. Se a sede da empresa for diferente do local de prestação de serviço pelo empregado, será nesse local que o empregado ajuizará a demanda. No caso de o empregado prestar serviço ao empregador em mais de uma localidade, cabe ao empregado decidir onde será mais viável o ajuizamento da demanda. Nada impede, porém, que o ajuizamento da ação ocorra onde esteja localizada a sede da empresa. Borges de Sales (2020, p. 51, grifo do original) ressalta:

Contudo, vale anotar que, qualquer que seja a situação, sempre se admitirá que a reclamação trabalhista seja proposta no foro de localidade em que se encontra sediada ou estabelecida a empregadora reclamada. É o princípio basilar do *quem pode o mais, pode o menos*. Se o reclamante pode propor a ação na localidade em que prestou serviços (que é o *mais*), pode propor a ação no foro em que sediada a reclamada (que é o *menos*).

Há três exceções sobre a observação de competência exclusiva, as quais a CLT elenca nos parágrafos 1º, 2º e 3º do art. 651: (1) ao empregado agente ou viajante, a competência será da localidade em que a empresa tenha agência ou filial a que o empregado esteja submetido; (2) quando for empregado brasileiro trabalhando no estrangeiro, o foro para a demanda trabalhista será em agência ou filial no estrangeiro, desde que o empregado seja brasileiro; (3) na situação em que a empresa promove atividade fora do lugar da celebração do contrato, o empregado poderá apresentar reclamatória no local da celebração do contrato ou no local da prestação de serviços.

— 4.5 —
Conflito de competência

Conflito de competência, ou *conflito de jurisdição*, como denomina a CLT, é um incidente processual frequente na Justiça do Trabalho. Pode ocorrer quando dois juízes se declararem competentes ou quando for declarada incompetência por algum juízo. O conflito de competência ocorrerá somente quando houver discordância entre dois ou mais juízes. Ademais, nos termos da Súmula n. 420 do TST, não ocorrerá conflito de competência entre "Tribunal Regional do Trabalho e Vara do Trabalho a ele vinculada" (TST, 2021).

Elucida Bezerra Leite (2019, p. 394): "Conflito de competência, cognominado pela CLT de conflito de jurisdição, é um incidente processual que ocorre quando dois órgãos judiciais se proclamam competentes (conflito positivo) ou incompetentes (conflito negativo) para processar e julgar determinado processo".

A CLT, nos arts. 809 e 810, regulamenta como prosseguir nos casos em que ocorrer conflito de competência:

> Art. 809. Nos conflitos de jurisdição entre as Juntas e os Juízos de Direito observar-se-á o seguinte:
>
> I – o juiz ou presidente mandará extrair dos autos as provas do conflito e, com a sua informação, remeterá o processo assim formado, no mais breve prazo possível, ao Presidente do Tribunal Regional competente;
>
> II – no Tribunal Regional, logo que der entrada o processo, o presidente determinará a distribuição do feito, podendo o relator ordenar imediatamente às Juntas e aos Juízos, nos casos de conflito positivo, que sobrestejam o andamento dos respectivos processos, e solicitar, ao mesmo tempo, quaisquer informações que julgue convenientes. Seguidamente, será ouvida a Procuradoria, após o que o relator submeterá o feito a julgamento na primeira sessão;

III – proferida a decisão, será a mesma comunicada, imediatamente, às autoridades em conflito, prosseguindo no foro julgado competente.

Art. 810. Aos conflitos de jurisdição entre os Tribunais Regionais aplicar-se-ão as normas estabelecidas no artigo anterior. (Brasil, 1943)

Além de observar os requisitos apresentados pela CLT, é importante observar o regimento interno dos tribunais, pois pode haver algum requisito específico que regulamente sobre o conflito de competência.

Parte 2

*Processo do trabalho:
fase de conhecimento*

Capítulo 5

Início da ação trabalhista

Neste capítulo, nosso objetivo é discorrer sobre a petição inicial trabalhista e seus requisitos. Para tanto, antes, é preciso destacar alguns pontos relevantes que devem ser observados no momento da propositura da ação.

— 5.1 —
Elementos da ação

O processo inicia-se com a petição inicial, seja no processo de conhecimento, seja no cumprimento de sentença, seja no processo executório. Na Justiça do Trabalho não é diferente, mas há as peculiaridades da legislação trabalhista e, quando couber, da legislação processual civil.

Antes de adentramos especificamente o tema da petição inicial, é necessário observar alguns requisitos processuais para postular determinado direito em juízo de forma válida. Para que a ação possa existir, devem ser observados os elementos da ação: as partes, a causa de pedir e o pedido. Para os elementos da ação, o direito do trabalho usa como subsídio as disposições do Código de Processo Civil (CPC) – Lei n. 13.105, de 16 de março de 2015 (Brasil, 2015) –, visto que a legislação trabalhista não apresenta detalhes sobre tais disposições.

As **partes** são os sujeitos titulares de direitos que irão compor a parte ativa e a parte passiva de uma demanda. Tanto no polo ativo quanto no passivo, é possível haver mais que uma pessoa, o que se denomina *litisconsórcio ativo* ou *litisconsórcio passivo*.

As partes não necessariamente são pessoas físicas; na Justiça do Trabalho, é bem comum que uma das partes seja pessoa jurídica. O autor é denominado *reclamante*, e o réu, *reclamado*.

O próximo elemento da ação é a **causa de pedir**, que demonstra a finalidade e os motivos fáticos da parte autora em ajuizar determinada ação. O art. 319, inciso III, do CPC estabelece que a petição inicial indicará: "o fato e os fundamentos jurídicos do pedido" (Brasil, 2015). A Consolidação das Leis do Trabalho (CLT) – aprovada pelo Decreto-Lei n. 5.452, de 1º de maio de 1943 –, em seu art. 840, menciona que a petição inicial poderá ser escrita ou verbal, e seu parágrafo 1º indica que, sendo a petição escrita, deverá "conter a designação do juízo, a qualificação das partes, a breve exposição dos fatos de que resulte o dissídio, o pedido, que deverá ser certo, determinado e com indicação de seu valor, a data e a assinatura do reclamante ou de seu representante" (Brasil, 1943), contudo não menciona sobre os fatos e os fundamentos para o pedido como indica o CPC.

O terceiro elemento é o **pedido**, que é o objeto requerido em determinada demanda. Bezerra Leite (2019, p. 406) explica que o objeto da ação pode ser imediato e mediato:

- Pedido imediato – consiste em solicitar que o Estado dirima o conflito de interesses, por uma das formas de prestação jurisdicional (proferindo sentenças declaratórias, constitutivas, condenatórias, mandamentais ou executiva *lato sensu*).
- Pedido mediato – concerne ao bem da vida vindicado pelo autor da ação (por exemplo, a condenação do réu ao pagamento de horas extras).

Além dos elementos da ação, devem ser observadas as condições da ação, quais sejam: possibilidade jurídica do pedido, legitimidade das partes e interesse processual.

— 5.2 —
Condições da ação

O CPC não menciona, no art. 330, especificamente sobre a **possibilidade jurídica do pedido**, contudo, na Justiça do Trabalho, o Tribunal Superior do Trabalho (TST), na Orientação Jurisprudencial (OJ) n. 5 da Seção de Dissídios Coletivos (SDC), mantém a questão da possibilidade jurídica:

> DISSÍDIO COLETIVO. PESSOA JURÍDICA DE DIREITO PÚBLICO. POSSIBILIDADE JURÍDICA. CLÁUSULA DE NATUREZA SOCIAL.
>
> Em face de pessoa jurídica de direito público que mantenha empregados, cabe dissídio coletivo exclusivamente para apreciação de cláusulas de natureza social. Inteligência da Convenção nº 151 da Organização Internacional do Trabalho, ratificada pelo Decreto Legislativo nº 206/2010. (TST, 2012)

Por esse motivo, mantivemos aqui a possibilidade jurídica como condição da ação no que tange ao direito processual do trabalho.

A segunda condição da ação é a **legitimidade das partes**. O CPC, no art. 330, inciso II, dispõe sobre a necessidade de a parte ser legítima para propor uma ação. A legitimidade é a identidade de quem tem ou teve um motivo fundamentado para propor uma ação, nesse caso, o sujeito ativo. Ademais, pode haver outra parte legítima que será chamada em juízo para se manifestar com relação ao interesse do autor, que é denominado *sujeito passivo*.

No que se refere à terceira condição da ação, que é o **interesse processual**, Bezerra Leite (2019, p. 2.020) esclarece:

> Com efeito, a ação para ser apreciada meritoriamente deve ser utilizada quando houver necessidade de intercessão do Estado-juiz para que possa tutelar o alegado direito vinculado pelo autor. Dito de outro modo, sem a ação, o autor ficaria privado de meios éticos e legais de obter a efetivação do seu direito lesado ou ameaçado de lesão.

Para que essa terceira condição da ação se conclua, é necessário o interesse da parte em agir visando que seu direito violado seja apreciado pelo Poder Judiciário, visto que este permanece na inércia até que seja provocado.

— 5.3 —
Pressupostos processuais

Diferentemente das condições da ação, que são requisitos para que o Judiciário aprecie o pedido da parte autora, os pressupostos processuais são os requisitos que envolvem a observação da validade ou da existência da relação jurídica. "Os pressupostos processuais são elementos imprescindíveis para a relação processual possa existir juridicamente (pressupostos processuais de existência) ou se desenvolver válida e regularmente (pressupostos processuais de validade)" (Leite, 2019, p. 438). Logo, os pressupostos processuais estão divididos em: pressupostos processuais de existência e pressupostos processuais de validade.

Os **pressupostos processuais de existência** abrangem três elementos: petição inicial, jurisdição e citação. A petição inicial é o pressuposto essencial, pois não há como iniciar um processo sem a apresentação de um pedido. Destacamos, nesse sentido, que a petição inicial deve observar os requisitos do art. 330 do CPC e o art. 840 da CLT.

O segundo elemento é a jurisdição, que é exercida em um processo que, em regra, inicia-se com a petição, ou seja, a jurisdição é exercida pelo Estado por meio de um juiz. Para que o juiz analise o caso, deverá ter legitimidade para a função: "A sentença proferida por quem não tem jurisdição é inexistente" (Leite, 2019, p. 440).

O terceiro elemento dos pressupostos processuais de existência é a citação. A citação é o momento em que o réu fica sabendo, na ação, que será parte em um processo que já está em andamento. Se não houver a citação do réu ou se esta for inválida, não há como o processo continuar tramitando com eficiência nem alcançar sua finalidade.

Os **pressupostos processuais de validade** são aqueles relacionados ao desenvolvimento válido e regular da relação processual. Não havendo e não sendo preenchidos os pressupostos de validade, o processo será considerado nulo. Explica Bezerra Leite (2019, p. 440): "Dito de outro modo, sem a presença dos pressupostos de validade, a relação processual existe, mas não é válida". Os pressupostos de validade podem ser divididos em positivos ou negativos.

Os pressupostos positivos são identificados em uma mesma relação jurídica processual. "São pressupostos processuais positivos de validade da relação jurídica processual: a petição inicial apta, a competência do juízo, a capacidade postulatória, a capacidade processual, a citação válida e a imparcialidade do juiz" (Leite, 2019, p. 441).

Os pressupostos negativos são aqueles identificados fora de determinada relação jurídica processual existente, não podendo estar presentes para a validade de um processo. "São pressupostos processuais negativos de validade da relação jurídica processual: a litispendência, a coisa julgada, a perempção e, segundo alguns, a convenção de arbitragem" (Leite, 2019, p. 443).

Observados esses requisitos, é possível adentrarmos o assunto *petição inicial*, que é o momento em que se inicia a relação jurídica processual.

— 5.4 —
Conceito de petição inicial e requisitos

A petição inicial é a peça processual que inicia um processo, seja em qualquer fase processual: de conhecimento, de cumprimento de sentença ou de execução. Borges de Sales (2020, p. 133) conceitua *petição inicial* como "a peça escrita que inaugura o processo do trabalho, tendo como objetivo a provocação da jurisdição, visto que esta é inerte (princípio dispositivo)".

Já Pereira, Scalércio e Pavan (2017, p. 15) definem petição trabalhista da seguinte forma:

> A petição inicial pode ser conceituada como ato processual praticado pelo autor de rompimento da inércia do Poder Judiciário, na qual pleiteia a tutela jurisdicional do seu direito com a entrega do bem da vida, trazendo os motivos fáticos e jurídicos quem embasam essa pretensão e indicando em face de quem a atuação estatal é pretendida.

Bezerra Leite (2019) menciona que a petição inicial também pode ser denominada *peça exordial, peça vestibular, peça de ingresso, peça preambular* ou, apenas, *inicial*.

A petição inicial trabalhista é o meio em que o autor demonstra e fundamenta seu pedido, exercendo seu direito de acesso à Justiça. O juízo a que a petição foi designada deverá observar, no que couber, os requisitos abrangidos pelo CPC, entre os arts. 319 e 321:

> Art. 319. A petição inicial indicará:
>
> I – o juízo a que é dirigida;
>
> II – os nomes, os prenomes, o estado civil, a existência de união estável, a profissão, o número de inscrição no Cadastro de Pessoas Físicas ou no Cadastro Nacional da Pessoa Jurídica, o endereço eletrônico, o domicílio e a residência do autor e do réu;
>
> III – o fato e os fundamentos jurídicos do pedido;
>
> IV – o pedido com as suas especificações;
>
> V – o valor da causa;
>
> VI – as provas com que o autor pretende demonstrar a verdade dos fatos alegados;
>
> VII – a opção do autor pela realização ou não de audiência de conciliação ou de mediação.
>
> § 1º Caso não disponha das informações previstas no inciso II, poderá o autor, na petição inicial, requerer ao juiz diligências necessárias a sua obtenção.
>
> § 2º A petição inicial não será indeferida se, a despeito da falta de informações a que se refere o inciso II, for possível a citação do réu.
>
> § 3º A petição inicial não será indeferida pelo não atendimento ao disposto no inciso II deste artigo se a obtenção de tais informações tornar impossível ou excessivamente oneroso o acesso à justiça.

> Art. 320. A petição inicial será instruída com os documentos indispensáveis à propositura da ação.
>
> Art. 321. O juiz, ao verificar que a petição inicial não preenche os requisitos dos arts. 319 e 320 ou que apresenta defeitos e irregularidades capazes de dificultar o julgamento de mérito, determinará que o autor, no prazo de 15 (quinze) dias, a emende ou a complete, indicando com precisão o que deve ser corrigido ou completado.
>
> Parágrafo único. Se o autor não cumprir a diligência, o juiz indeferirá a petição inicial. (Brasil, 2015)

Ademais, a CLT, no art. 840, apresenta requisitos próprios para a petição inicial trabalhista:

> Art. 840. A reclamação poderá ser escrita ou verbal.
>
> § 1º Sendo escrita, a reclamação deverá conter a designação do juízo, a qualificação das partes, a breve exposição dos fatos de que resulte o dissídio, o pedido, que deverá ser certo, determinado e com indicação de seu valor, a data e a assinatura do reclamante ou de seu representante.
>
> § 2º Se verbal, a reclamação será reduzida a termo, em duas vias datadas e assinadas pelo escrivão ou secretário, observado, no que couber, o disposto no § 1º deste artigo.
>
> § 3º Os pedidos que não atendam ao disposto no § 1º deste artigo serão julgados extintos sem resolução do mérito. (Brasil, 1943)

A CLT prevê a possibilidade de o reclamante, ele próprio, ajuizar a reclamatória trabalhista de forma verbal, observando os seguintes fundamentos:

> Art. 791. Os empregados e os empregadores poderão reclamar pessoalmente perante a Justiça do Trabalho e acompanhar as suas reclamações até o final.
>
> § 1º Nos dissídios individuais os empregados e empregadores poderão fazer-se representar por intermédio do sindicato, advogado, solicitador, ou provisionado, inscrito na Ordem dos Advogados do Brasil.
>
> § 2º Nos dissídios coletivos é facultada aos interessados a assistência por advogado.
>
> § 3º A constituição de procurador com poderes para o foro em geral poderá ser efetivada, mediante simples registro em ata de audiência, a requerimento verbal do advogado interessado, com anuência da parte representada. (Brasil, 1943)

A Súmula n. 425 do TST dispõe sobre a possibilidade do *jus postulandi* na Justiça do Trabalho, exceto para algumas ações que exigem maior complexidade e devem ser apresentadas direto em 2º instância, como é o caso da ação rescisória, do mandado de segurança e de alguns recursos, que serão analisados em momento específico. Vejamos a Súmula n. 425:

JUS POSTULANDI NA JUSTIÇA DO TRABALHO. ALCANCE.

O *jus postulandi* das partes, estabelecido no art. 791 da CLT, limita-se às Varas do Trabalho e aos Tribunais Regionais do Trabalho, não alcançando a ação rescisória, a ação cautelar, o mandado de segurança e os recursos de competência do Tribunal Superior do Trabalho. (TST, 2021)

Entre os princípios que regem o direito processual do trabalho, encontra-se o princípio da oralidade, que permite, em regra, observadas as exceções, que a petição inicial seja realizada de forma oral, assim como outros procedimentos pertinentes ao processo do trabalho, o que propicia a simplicidade dos atos processuais trabalhistas – outro princípio aplicado ao direito processual do trabalho.

Apesar de a CLT permitir a reclamação trabalhista de forma oral, a escrita é o que mais ocorre na Justiça do Trabalho, como complementam Pereira, Scalércio e Pavan (2017, p. 16): "a forma escrita sempre apresenta a vantagem da segurança e estabilidade nas relações jurídicas e sociais". Para as ações de inquérito para apuração de falta grave (art. 853 da CLT) ou para instaurar dissídio coletivo (art. 856 da CLT), a apresentação da petição deverá ser de forma escrita.

A petição inicial por escrito, conforme já mencionado, deverá observar uma série de requisitos, que são elementos exigidos pelo ordenamento jurídico em vigor no momento do protocolo da ação, a fim de que esta seja válida e existente.

Um requisito de importância é o pedido. Após o advento da Reforma Trabalhista – Lei n. 13.467, de 13 de julho de 2017 (Brasil, 2017) –, o pedido passou a exigir um requisito que anteriormente à reforma não existia: a demonstração de valores de cada um dos pedidos da inicial, sob pena de indeferimento da inicial, ou seja, "o pedido, que deverá ser certo, determinado e com indicação de seu valor" (Brasil, 1943). Dessa forma, "o pedido na petição inicial trabalhista deve ser certo, isto é, expresso, exteriorizado, inconfundível. Por isso, o autor, na inicial, não deve deixar de transparecer pedido tácito" (Leite, 2019, p. 639).

Outro momento a ser observado com relação ao pedido é sua determinação, ou seja, ele precisa ser definido e limitado no que se refere à qualidade e à quantidade. Para que o pedido seja apreciado pelo juízo competente, é necessário que seja inconfundível e delimitado, de modo a poder ser analisado no momento da sentença de forma eficiente (Leite, 2019). Ademais, é necessário que o pedido, ou os pedidos, tenha(m) correlação com a causa de pedir, a fim de que a demanda possa ter êxito.

No que tange aos documentos que devem acompanhar a petição inicial, o art. 787 da CLT dispõe que: "A reclamação escrita deverá ser formulada em duas vias e desde logo acompanhada dos documentos em que se fundar" (Brasil, 1943). Contudo, explica Leite (2019) que, na prática diária nos tribunais, raramente isso acontece em razão de o trabalhador, que em regra é o autor da demanda, não dispor dos documentos que comprovam os fatos pertinentes à relação de emprego. Na maioria das vezes, a petição é acompanhada apenas de cópia de alguns documentos que o trabalhador possui, e se o pedido for para reconhecimento de vínculo empregatício, a inicial dificilmente acompanha algum documento, o que é considerado válido na Justiça do Trabalho (Leite, 2019).

Se o juiz entender que algum documento deve, obrigatoriamente, ser apresentado, não poderá indeferir a inicial de plano, e sim solicitar ao autor que apresente o documento necessário no prazo de 10 dias. Ressaltamos, entretanto, que, quando o reclamante solicita alguma verba trabalhista e alega que houve interrupção da prescrição, deve sempre ser apresentado, obrigatoriamente, junto à inicial documento que comprove esse fato (Leite, 2019).

— 5.5 —
Aditamento e emenda da petição inicial

O **aditamento** da petição inicial refere-se a acrescentar algo a esta ou alterar algum fato. Conforme expõe o CPC no art. 329, inciso I, o autor poderá, até o momento da citação do réu, alterar o pedido ou a causa de pedir, independentemente do conhecimento do réu, visto que este ainda não foi citado.

O aditamento da petição inicial após a citação do réu é permitido somente com a concordância deste, pois, caso contrário, infringe o art. 329, inciso I, do CPC ora comentado. Na Justiça do

Trabalho, é comum o autor da demanda solicitar aditamento da inicial no momento da audiência e, nesses casos, o juiz questiona o réu se este concorda com tal pedido. Se o pedido for negativo, não há respaldo na legislação para o juiz impor ao réu esse aceite. O que poderá ser feito, caso o autor realmente ache necessário aditar a inicial, é protocolar novamente a inicial já aditada, contudo, é necessário ponderar se isso realmente é necessário, sob pena de, até mesmo, violar o princípio da economia processual.

No caso de **emenda** à inicial, o art. 321 do CPC dispõe que, verificando o juiz algum requisito faltante na petição inicial, determinará que o autor, no prazo de 15 dias, emende ou complete a inicial nos termos solicitados. Caso o autor não realize a solicitação judicial, o parágrafo único do art. 321 do CPC especifica que o juiz indeferirá a petição inicial.

Conforme já mencionado, um dos pressupostos processuais é o de validade, ou seja, que a petição inicial seja apta. Caso o autor não preencha os requisitos do art. 321 do CPC ou não o faça no prazo de 15 dias após o pedido judicial, a petição inicial será declarada inepta e ocorrerá a extinção do processo sem resolução de mérito, conforme disciplina o art. 485, inciso I, do CPC.

A petição inicial, além da inépcia, poderá ser indeferida por outras hipóteses. Vejamos o teor do art. 330 do CPC:

> Art. 330. A petição inicial será indeferida quando:
> I – for inepta;
> II – a parte for manifestamente ilegítima;
> III – o autor carecer de interesse processual;

IV – não atendidas as prescrições dos arts. 106 e 321.
§ 1º Considera-se inepta a petição inicial quando:
I – lhe faltar pedido ou causa de pedir;
II – o pedido for indeterminado, ressalvadas as hipóteses legais em que se permite o pedido genérico;
III – da narração dos fatos não decorrer logicamente a conclusão;
IV – contiver pedidos incompatíveis entre si. (Brasil, 2015)

Nesses casos, a petição inicial trabalhista deverá observar as hipóteses elencadas pelo CPC, visto que, diante de ausência de legislação trabalhista específica, o direito processual do trabalho observará, no que couber, o CPC.

A petição inicial poderá ser declarada inepta pelo réu ou de ofício pelo juiz em qualquer grau de jurisdição enquanto a sentença não transitar em julgado. No entanto, sempre que possível, o juiz deverá abrir oportunidade para a parte autora corrigir o equívoco, a fim de não dificultar o julgamento de mérito da demanda (Leite, 2019).

Por fim, para concluir este capítulo, apesar de o tema ser muito abrangente e haver ainda muito a ser discutido, Teixeira Filho (2017, p. 31) explica que a petição inicial:

é o instrumento formal, instituído pelos sistemas processuais, de que se valem os indivíduos ou as coletividades para ativar a função jurisdicional (ação) e pedir um provimento de mérito (demanda), que poderá ser declaratório, constitutivo, condenatório, mandamental ou executivo, destinado a satisfazer ou a assegurar um bem ou uma utilidade da vida.

Como podemos constatar, a petição inicial é a peça fundamental para que se inicie uma relação jurídica processual entre reclamante e reclamado. Entretanto, essa peça deve observar diversos requisitos para que a apreciação do juízo seja realizada de forma efetiva, sem prejudicar o mérito da demanda e, consequentemente, o direito das partes envolvidas.

Capítulo 6

Procedimentos e prazos na Justiça do Trabalho

No capítulo anterior, estudamos as condições e os elementos da ação, os pressupostos processuais de validade e de existência e a petição inicial. Agora, analisaremos os procedimentos, ou *ritos* (nomenclatura comumente utilizada na legislação), adotados na Justiça do Trabalho: rito ordinário, rito sumário e rito sumaríssimo.

Para Borges de Sales (2020, p. 61), *procedimento* significa "o caminho pelo qual percorre o processo para chegar ao seu final: são etapas ordenadas e concatenadas de maneira lógica, conforme previsto na lei, para que possa chegar à solução do dissídio".

Ainda, na fase de conhecimento no processo do trabalho, o procedimento divide-se em comum e especial. O procedimento comum, que examinaremos neste capítulo, está dividido em: ordinário, sumário e sumaríssimo. O que define o procedimento comum é o critério de análise e econômico, determinado pelo valor da causa (Sales, 2020). Acrescentamos, ainda, que cada procedimento ou rito utilizado tem algumas peculiaridades que devem ser observadas e que serão mencionadas no decorrer deste capítulo.

— 6.1 —
Procedimento ordinário

O procedimento ordinário é o mais comum utilizado na Justiça do Trabalho, podendo ser aplicado a todos os processos em que o valor da causa seja superior a 40 salários-mínimos. Esse procedimento encontra-se previsto na Consolidação das Leis do Trabalho (CLT), nos arts. 837 a 852, dispositivos que regulam o andamento processual na Justiça do Trabalho.

Por força de costume, a audiência pelo rito ordinário passou a ser dividida em três etapas: audiência de conciliação, audiência de instrução e audiência de julgamento.

- **Audiência de conciliação** – A audiência de conciliação é a primeira audiência que ocorre e, como o nome já diz, tem a finalidade de conciliar, fazendo com que, possivelmente, as partes resolvam o litígio de forma amigável já no início. De acordo com o art. 764 da CLT, os litígios trabalhistas serão sempre submetidos à conciliação, embora esta possa ocorrer em qualquer fase processual. Nessa audiência, deverão comparecer as partes, e o juiz deverá propor a conciliação nos termos do art. 846 da CLT. Caso haja acordo, será lavrada a ata e assinada pelas partes. Na hipótese de não haver acordo, explica Leite (2019, p. 453), "o réu terá vinte minutos para apresentar sua defesa, após a leitura do teor da ação. Na prática, porém, a defesa do réu é escrita, e, desde logo, o juiz dá ciência desta ao autor, que, geralmente, dispõe de dez dias para impugná-la". A partir da audiência de conciliação, no caso de não haver acordo, as partes já saem cientes sobre a audiência de instrução.

- **Audiência de instrução** – Na audiência de instrução, as partes deverão estar presentes, assim como suas testemunhas – nesse rito, serão ouvidas, no máximo, três testemunhas, pois será o momento da produção de provas, além daquelas documentais já juntadas ao processo. Com relação à necessidade de prova pericial, esta poderá ser solicitada ao juízo; em caso de deferimento, o processo ficará suspenso até o momento que o perito apresente suas considerações. Nada impede que, em qualquer momento dessa audiência, seja realizado acordo entre as partes. A CLT, no art. 850, estabelece que, encerrada a instrução, as partes podem apresentar as razões finais (10 minutos para cada uma) e, logo após, o juiz perguntará novamente sobre a possibilidade de acordo. Caso não ocorra o acordo, será proferida a sentença; comumente, o juiz marcará audiência de julgamento para proferir a sentença.

- **Audiência de julgamento** – Em regra, essa audiência não ocorre na Justiça do Trabalho, pois raramente as partes estão presentes. A audiência de julgamento decorre da audiência de instrução, da qual as partes já saem cientes de quando irá ser proferida a sentença. A partir da publicação da sentença, abre-se o prazo para interposição de recurso, se for o caso, assunto que será tratado em capítulo exclusivo adiante.

— 6.2 —
Procedimento sumário

Esse procedimento foi introduzido no processo do trabalho por meio da Lei n. 5.584, de 26 de junho de 1970 (Brasil, 1970), com o objetivo de obter a celeridade processual nas causas com valores de até dois salários mínimos. Essa lei incluiu a chamada "causa de alçada", que versa sobre valores para o procedimento sumário. Vejamos o que diz o art. 2º, parágrafos 3º e 4º da lei:

> Art. 2º [...]
>
> [...]
>
> § 3º Quando o valor fixado para a causa, na forma deste artigo, não exceder de 2 (duas) vezes o salário-mínimo vigente na sede do Juízo, será dispensável o resumo dos depoimentos, devendo constar da Ata a conclusão da Junta quanto à matéria de fato.
>
> § 4º Salvo se versarem sobre matéria constitucional, nenhum recurso caberá das sentenças proferidas nos dissídios da alçada a que se refere o parágrafo anterior, considerado, para esse fim, o valor do salário mínimo à data do ajuizamento da ação. (Brasil, 1970)

Ressaltamos que, na Justiça do Trabalho, são raras as ações protocoladas pelo rito sumário. Esse rito não é aplicado nas ações que se iniciam diretamente em 2ª instância, como é o caso da ação rescisória e do mandado de segurança, nos termos da Súmula n. 365 do Tribunal Superior do Trabalho (TST, 2021).

— 6.3 —
Procedimento sumaríssimo

O procedimento sumaríssimo, após o ordinário, é o mais utilizado na Justiça do Trabalho. Esse procedimento foi inserido no ordenamento jurídico pela Lei n. 9.957/2000, que regulamenta o procedimento sumaríssimo e acrescenta dispositivos à CLT: arts. 852-A a 852-I. O art. 852-A esclarece sobre o procedimento sumaríssimo:

> Art. 852-A. Os dissídios individuais cujo valor não exceda a quarenta vezes o salário mínimo vigente na data do ajuizamento da reclamação ficam submetidos ao procedimento sumaríssimo.
>
> Parágrafo único. Estão excluídas do procedimento sumaríssimo as demandas em que é parte a Administração Pública direta, autárquica e fundacional. (Brasil, 1943)

Sobre o tema, explica Bezerra Leite (2019, p. 457):

> O procedimento sumaríssimo só tem lugar nas ações trabalhistas individuais (simples ou plúrimas), cujo valor da causa seja superior a dois salários mínimos e inferior a quarenta salários mínimos. Isto porque, nas causas de até dois salários mínimos, como já vimos, o procedimento legal é o sumário e, nas causas de valor superior a quarenta salários mínimos, o ordinário.

Além das peculiaridades citadas, a CLT estabelece outras especificidades do rito sumaríssimo, como: (a) não haverá citação por edital (art. 852-B, II); (b) ocorrerá apenas uma audiência, denominada *una* (art. 852-C); (c) as testemunhas serão, no máximo, duas (art. 852-G, § 2º); (d) na sentença, é dispensado o relatório (art. 852, I); (e) após a distribuição do recurso ordinário no tribunal, o recurso passa apenas pelo relator, que deverá liberá-lo para julgamento no prazo máximo de dez dias (art. 895, § 1º, II); (f) o recurso de revista somente será admitido por contrariedade à súmula do TST e violação direta à Constituição (art. 896, § 6º).

Esses são os procedimentos utilizados na Justiça do Trabalho, sendo o mais comum o procedimento ordinário e o menos utilizado, o procedimento sumário. Cada um apresenta suas peculiaridades, que devem ser observadas no momento da distribuição da demanda, a fim de que a sentença seja proferida visando cumprir com o direito das partes envolvidas na relação jurídica processual.

— 6.4 —
Prazos processuais

A Justiça do Trabalho tem seus próprios prazos processuais, porém, subsidiariamente, utiliza-se o Código de Processo Civil (CPC) – Lei n. 13.105, de 16 de março de 2015 (Brasil, 2015) – nos casos em que a CLT é omissa. Borges de Sales (2020, p. 81) assim define *prazo processual*: "é um limite de tempo no qual o ato processual pode ser realizado. Normalmente é estimado em dias, mas é possível – embora raro – encontrar prazos estimados em horas, meses e anos".

Os prazos processuais são classificados em prazos legais e prazos judiciais. Os **prazos legais** (peremptórios) são aqueles determinados em lei, que não podem ser modificados por vontade das partes. Os **prazos judiciais** (dilatórios) são os prazos fixados pelo juiz, que não são mencionados pela legislação e podem ser estendidos ou reduzidos a pedido das partes (Sales, 2020).

Com relação aos efeitos, os prazos serão preclusivos ou cominatórios. Os **prazos preclusivos** são aqueles com efeitos "quando o ato deve ser praticado dentro do espaço de tempo fixado e, não ocorrendo, há a perda da oportunidade, a preclusão" (Pamplona Filho; Souza, 2020, p. 385). Já os **prazos cominatórios** se referem à omissão da parte com relação ao prazo, ou seja, é a perda da oportunidade de se manifestar quando havia um prazo a ser observado (Pamplona Filho; Souza, 2020).

Os prazos processuais, no processo do trabalho, estão fundamentados nos arts. 774 e 775 da CLT. O art. 774 dispõe sobre o momento que se inicia a contagem de prazo. Vejamos:

> Art. 774. Salvo disposição em contrário, os prazos previstos neste Título contam-se, conforme o caso, a partir da data em que for feita pessoalmente, ou recebida a notificação, daquela em que for publicado o edital no jornal oficial ou no

que publicar o expediente da Justiça do Trabalho, ou, ainda, daquela em que for afixado o edital na sede da Junta, Juízo ou Tribunal.

Parágrafo único. Tratando-se de notificação postal, no caso de não ser encontrado o destinatário ou no de recusa de recebimento, o Correio ficará obrigado, sob pena de responsabilidade do servidor, a devolvê-la, no prazo de 48 (quarenta e oito) horas, ao Tribunal de origem. (Brasil, 1943)

Já o art. 775 trata dos prazos que serão contados em dias úteis: "Os prazos estabelecidos neste Título serão contados em dias úteis, com exclusão do dia do começo e inclusão do dia do vencimento" (Brasil, 1943).

O art. 216 do CPC disciplina os feriados: "Além dos declarados em lei, são feriados, para efeito forense, os sábados, os domingos e os dias em que não haja expediente forense" (Brasil, 2015). A partir desse entendimento do CPC, a Reforma Trabalhista alterou a redação do art. 775 da CLT, logo, o disposto no art. 216 se aplica aos prazos processuais trabalhistas.

Anteriormente à Reforma Trabalhista, não era especificado exatamente sobre a **suspensão** ou a **interrupção** de prazos processuais. Contudo, com o advento da Reforma Trabalhista, o art. 775 da CLT passou a vigorar com a seguinte redação:

> Art. 775. Os prazos estabelecidos neste Título serão contados em dias úteis, com exclusão do dia do começo e inclusão do dia do vencimento.

§ 1º Os prazos podem ser prorrogados, pelo tempo estritamente necessário, nas seguintes hipóteses:

I – quando o juízo entender necessário;

II – em virtude de força maior, devidamente comprovada.

§ 2º Ao juízo incumbe dilatar os prazos processuais e alterar a ordem de produção dos meios de prova, adequando-os às necessidades do conflito de modo a conferir maior efetividade à tutela do direito. (Brasil, 1943; 2017)

Com relação à **suspensão** dos prazos, Bezerra Leite (2019, p. 488) comenta: "Dá-se a suspensão quando se paralisa a contagem de prazo processual. Cessada a causa suspensiva, recomeça-se a contagem do prazo, isto é, retoma-se a contagem do prazo no estado em que parou". Já quanto à **interrupção**, Leite (2019, p. 488) esclarece que "o prazo é devolvido integralmente à parte interessada, como se ele nunca tivesse iniciado". O autor cita, no caso de interrupção, o exemplo dos embargos de declaração, disposto no art. 897-A, parágrafo 3º, da CLT, que será analisado em momento oportuno.

No tocante ao recesso forense do Judiciário, que, em regra, ocorre entre os dias 20 de dezembro e 6 de janeiro, a CLT, no art. 775-A, assim disciplina: "Suspende-se o curso do prazo processual nos dias compreendidos entre 20 de dezembro e 20 de janeiro, inclusive" (Brasil, 1943). Durante a suspensão do prazo, não serão realizadas audiências nem sessões de julgamento (art. 775-A, § 2º, CLT).

Capítulo 7

Defesa do réu

Neste capítulo, trataremos da resposta do réu, desde a exceção de incompetência, que deve ser suscitada pelo réu, passando pela contestação, reconvenção e revelia até a sentença.

— 7.1 —
Exceção de incompetência

Em capítulo anterior, apresentamos as diversas competências da Justiça do Trabalho, sendo uma delas a competência territorial, que diz respeito ao lugar onde a demanda trabalhista deve ser ajuizada. A Consolidação das Leis do Trabalho (CLT) – aprovada pelo Decreto-Lei n. 5.452, de 1º de maio de 1943 (Brasil, 1943) –, porém, traz a possibilidade de apresentar a exceção de incompetência e como ela deve tramitar.

Primeiramente, o art. 799, parágrafo 2º, da CLT assim prevê: "Das decisões sobre exceções de suspeição e incompetência, salvo, quanto a estas, se terminativas do feito, não caberá recurso, podendo, no entanto, as partes alegá-las novamente no recurso que couber da decisão final" (Brasil, 1943).

O art. 800 da CLT fundamenta e regulamenta a exceção de incompetência. Vejamos o teor do dispositivo:

> Art. 800. Apresentada exceção de incompetência territorial no prazo de cinco dias a contar da notificação, antes da audiência e em peça que sinalize a existência desta exceção, seguir-se-á o procedimento estabelecido neste artigo.

§ 1º Protocolada a petição, será suspenso o processo e não se realizará a audiência a que se refere o art. 843 desta Consolidação até que se decida a exceção.

§ 2º Os autos serão imediatamente conclusos ao juiz, que intimará o reclamante e, se existentes, os litisconsortes, para manifestação no prazo comum de cinco dias.

§ 3º Se entender necessária a produção de prova oral, o juízo designará audiência, garantindo o direito de o excipiente e de suas testemunhas serem ouvidos, por carta precatória, no juízo que este houver indicado como competente.

§ 4º Decidida a exceção de incompetência territorial, o processo retomará seu curso, com a designação de audiência, a apresentação de defesa e a instrução processual perante o juízo competente. (Brasil, 1943)

A exceção de incompetência deverá ser apresentada pelo reclamado no prazo de 5 dias contados do recebimento da notificação; caso não o faça, isso acarretará preclusão, e, consequentemente, o juízo a quem foi endereçada a petição inicial será o competente para julgar a demanda.

Nos casos em que a exceção de competência for conhecida, deverá o juiz determinar a intimação do reclamante para a manifestação em 5 dias. Diante da existência de litisconsortes, o prazo para manifestação é o mesmo.

Quando declarada a incompetência, haverá a chamada *exceção de incompetência terminativa do feito*, que é a "declaração judicial de incompetência absoluta, isto é, incompetência em razão da matéria, da pessoa ou da função" (Leite, 2019, p. 729).

Na hipótese de incompetência relativa, como é o caso da incompetência territorial, o processo continua tramitando na Justiça do Trabalho; contudo, se for reconhecida a incompetência de determinada Vara do Trabalho, assim que suscitado pelo reclamado, o juiz remeterá os autos à Vara competente para processar e julgar o feito.

Segundo o art. 800 da CLT, quando protocolada a petição de incompetência no juízo em que a inicial foi endereçada, "será suspenso o processo e não se realizará a audiência a que se refere o art. 843 desta Consolidação até que se decida a exceção" (Brasil, 1943).

— 7.2 —

Contestação

O direito de resposta do réu primeiramente encontra respaldo na Constituição Federal (CF) de 1988 com o princípio do devido processo legal, art. 5º, inciso LIV, e com o princípio do contraditório e ampla defesa, disposto no art. 5º, inciso XXXV (Brasil, 1988). Logo, é direito constitucional do réu ter oportunidade de se manifestar e apresentar sua defesa em um processo em que foi notificado.

A contestação é uma das modalidades de defesa do reclamado. É "uma das formas de resposta do réu, na qual este impugna o pedido do autor formulado na petição inicial" (Guimarães, 2014, p. 75). É nesse momento que o réu apresenta toda a sua defesa, alegando qualquer tipo de preliminar, como é o caso da prescrição bienal e quinquenal.

Borges Sales (2020, p. 146) explica: "Contestação é a peça de defesa do reclamado. É por meio dela que o reclamado resiste formalmente à pretensão formulada em juízo pelo reclamante, instalando-se, a partir de então, a lide processual. É a forma de resposta em que o réu se defende no plano de mérito".

A falta de defesa do réu, mediante a devida intimação, acarreta ao reclamado a revelia, o que significa dizer que há presunção de que os fatos alegados em inicial são verdadeiros, nos termos do art. 344 do Código de Processo Civil (CPC) – Lei n. 13.105, de 16 de março de 2015 (Brasil, 2015) – e do art. 844 da CLT.

Em razão de a legislação trabalhista não regulamentar todo o processo de defesa do réu, o CPC é utilizado de forma subsidiária, respaldando a CLT naquilo que ela não disciplina. No CPC, a contestação está prevista no art. 335 até o art. 342, porém, nem todos eles são aplicáveis ao direito processual do trabalho.

O art. 336 do CPC estabelece que é na contestação que o réu é incumbido a alegar toda a matéria de defesa: "Incumbe ao réu alegar, na contestação, toda a matéria de defesa, expondo as razões de fato e de direito com que impugna o pedido do autor e especificando as provas que pretende produzir" (Brasil, 2015). Bezerra Leite (2019) ensina que a última parte do disposto no art. 336 do CPC não se aplica ao processo do trabalho, pois é desnecessária a especificação das provas tanto na petição inicial quanto na contestação. Ocorre que a CLT esclarece, no art. 845, que as partes deverão comparecer na audiência de instrução acompanhadas de suas testemunhas. Ademais, em momento pertinente, o juiz perguntará às partes que provas pretenderão realizar em audiência além daquelas já documentadas.

Importante destacar que a contestação por negativa geral, aquela que nega todos os pedidos realizados em inicial, tanto no processo do trabalho quanto no processo civil, é ineficaz, sob pena de os pedidos realizados pelo autor serem considerados verdadeiros, nos termos do art. 341 do CPC.

Na CLT, a contestação encontra respaldo no art. 847, denominada *defesa*, e cita: "Não havendo acordo, o reclamado terá vinte minutos para aduzir sua defesa, após a leitura da reclamação, quando esta não for dispensada por ambas as partes" (Brasil, 1943). O parágrafo único do mesmo dispositivo aduz: "A parte poderá apresentar defesa escrita pelo sistema de processo judicial eletrônico até a audiência" (Brasil, 1943). Ressaltamos que, na praxe diária, a contestação é apresentada de forma escrita, e é nesse momento que o reclamado deve juntar todos os documentos que comprovem sua defesa.

Na contestação contra o mérito, que são contra os pedidos realizados pelo autor, é necessário observar algumas questões a serem alegadas, as quais podem fazer toda a diferença na relação jurídica processual para o réu. Estamos nos referindo, aqui, especificamente, à prescrição e à decadência.

A **prescrição** do direito no processo do trabalho ocorre em duas formas, conforme o art. 7º, inciso XXIX, da CF de 1988: (a) prescrição **bienal**: assim que houver a demissão do trabalhador, este terá o prazo de 2 anos para ajuizar a demanda e cobrar judicialmente o que achar que lhe é de direito; b) prescrição **quinquenal**: refere-se aos créditos resultantes da relação de trabalho que o trabalhador deixou de receber e que entende que eram devidos. A CLT, no art. 11, também estabelece os mesmos prazos constitucionais para as prescrições. Portanto, nas palavras de Gagliano e Pamplona Filho (2020, p. 510), "a prescrição é a perda da pretensão de reparação do direito violado, em virtude da inércia do seu titular, no prazo previsto pela lei".

A **decadência** é a "perda de um direito, pelo fato do seu titular não o exercer dentro do prazo legal" (Guimarães, 2014, p. 87). Podemos entender a decadência como a perda/extinção do próprio direito, diferentemente da prescrição, que exclui a possibilidade apenas da pretensão do direito, mas o direito em si não deixa de existir.

O art. 487 do CPC menciona que haverá resolução do mérito quando for acolhida a ocorrência de decadência ou prescrição. A Súmula n. 268 do Tribunal Superior do Trabalho (TST) trata sobre a interrupção da prescrição, vejamos: "A ação trabalhista, ainda que arquivada, interrompe a prescrição somente em relação aos pedidos idênticos" (TST, 2021). A prescrição poderá ser interrompida com o ajuizamento da ação mesmo que arquivada, porém, a súmula é clara ao estabelecer que a interrupção da prescrição ocorrerá apenas com relação aqueles pedidos idênticos, visto que aqueles novos terão de ser analisados se estão ou não no prazo para serem postulados em juízo, conforme os prazos de prescrição bienal e quinquenal.

Outra modalidade de prescrição existente no direito processual do trabalho, apesar de haver divergência na jurisprudência dos tribunais superiores quanto à sua aplicação ou não ao processo do trabalho, é a **prescrição intercorrente**.

O Supremo Tribunal Federal (STF), na Súmula n. 327 (STF, 2021), entende que é aplicada a prescrição intercorrente nas demandas trabalhistas. Já o TST, na Súmula n. 114 (TST, 2021), entende que não se aplica essa modalidade de prescrição na Justiça do Trabalho. De qualquer forma, alguns doutrinadores advogam pela aplicação da prescrição intercorrente no processo do trabalho, como é o caso do Professor Bezerra Leite (2019), que afirma que a aplicação do art. 884, parágrafo 1º, da CLT permite a prescrição de matéria de defesa na fase de embargos à execução.

Ademais, a Reforma Trabalhista no art. 11-A da CLT positivou a prescrição intercorrente na legislação trabalhista. Vejamos:

> Art. 11-A. Ocorre a prescrição intercorrente no processo do trabalho no prazo de dois anos.
>
> § 1º A fluência do prazo prescricional intercorrente inicia-se quando o exequente deixa de cumprir determinação judicial no curso da execução.

> § 2º A declaração da prescrição intercorrente pode ser requerida ou declarada de ofício em qualquer grau de jurisdição. (Brasil, 1943; 2017)

Dessa forma, concluímos que a prescrição intercorrente é admitida no processo do trabalho, em especial, na fase de execução, conforme os termos aduzidos, o que significa dizer que ela ocorre quando o exequente (autor do processo de execução) deixa de cumprir determinação judicial em um prazo de 2 anos, podendo ser suscitada pela parte interessada ou, de ofício, pelo juízo.

— 7.2.1 —
Preliminares de mérito

Antes da defesa dos pedidos realizados pelo autor – a contestação de mérito –, é preciso analisar e, se for o caso, fazer a contestação do processo, que se constitui nas preliminares da defesa e faz toda a diferença para a efetividade da defesa. Essas matérias arguidas antes da defesa dos pedidos encontram-se disciplinadas no art. 337 do CPC:

> Art. 337. Incumbe ao réu, antes de discutir o mérito, alegar:
> I – inexistência ou nulidade da citação;
> II – incompetência absoluta e relativa;
> III – incorreção do valor da causa;
> IV – inépcia da petição inicial;

V – perempção;
VI – litispendência;
VII – coisa julgada;
VIII – conexão;
IX – incapacidade da parte, defeito de representação ou falta de autorização;
X – convenção de arbitragem;
XI – ausência de legitimidade ou de interesse processual;
XII – falta de caução ou de outra prestação que a lei exige como preliminar;
XIII – indevida concessão do benefício de gratuidade de justiça. (Brasil, 2015)

Todas essas preliminares, conforme o nome já diz, são suscitadas na fase de contestação, antes mesmo de realizar a defesa de cada um dos pedidos do autor. Apenas lembramos que, com relação à incompetência absoluta ou relativa, esta deve ser arguida antes mesmo que a contestação seja apresentada: em até 5 dias após a tomada de conhecimento do processo pelo réu.

Vejamos, a seguir, as preliminares mais corriqueiras na Justiça do Trabalho:

- **Inexistência ou nulidade de citação** – Essa preliminar está relacionada aos pressupostos processuais de existência, visto que, para que o processo seja válido, é necessário haver a citação nos termos do art. 239 do CPC. Dessa forma, caso a citação não tenha sido realizada de modo eficiente, o processo se tornará inválido.

- **Inépcia da petição inicial** – Essa preliminar é suscitada na própria contestação e, no processo do trabalho, é corriqueiro ser arguida nas iniciais que não apresentam todos os pedidos liquidados. Ademais, outros requisitos podem fazer com que a petição seja inepta, os quais estão elencados no art. 330 do CPC e no art. 840 da CLT.
- **Conexão e continência** – O art. 55 do CPC disciplina a conexão: "Reputam-se conexas 2 (duas) ou mais ações quando lhes for comum o pedido ou a causa de pedir" (Brasil, 2015). Já a continência está disposta no art. 56 do CPC: "Dá-se a continência entre 2 (duas) ou mais ações quando houver identidade quanto às partes e à causa de pedir, mas o pedido de uma, por ser mais amplo, abrange o das demais" (Brasil, 2015). Dessa forma, assim estabelece o art. 58 do CPC: "A reunião das ações propostas em separado far-se-á no juízo prevento, onde serão decididas simultaneamente" (Brasil, 2015).

As demais preliminares podem ser suscitadas na defesa do réu, porém as citadas anteriormente são as mais comuns. Nem todas as preliminares de mérito vão dar fim ao processo sem a resolução de mérito. Contudo, é de suma importância suas observações para garantir o direito do réu em apresentar sua ampla defesa.

— 7.3 —
Reconvenção

A reconvenção é mecanismo que pode ser aplicado tanto no processo do trabalho quanto em outras áreas processuais do direito. É uma forma de defesa do réu e deve ser apresentada junto à contestação. Assim, "reconvenção é uma ação que o réu move contra o autor, dentro do mesmo processo, para pleitear pretensão própria, desde que haja conexão com a ação principal ou com os fundamentos e da defesa" (Sales, 2020, p. 151).

Freddie Didier Júnior (2007, p. 453) define *reconvenção* como "O contra-ataque que enseja o processamento simultâneo da ação principal e da ação reconvencional, a fim de que o juiz resolva as duas lides na mesma sentença".

Portanto, a reconvenção é um modo de defesa apresentado pelo réu que, na ação de reconvenção, será o *reconvinte*, e o autor da ação principal se tornará o *reconvindo*. A ação de reconvenção se acumula à ação principal; embora sejam duas ações, tramitarão e serão julgadas no mesmo processo.

A reconvenção encontra-se instituída no CPC no art. 343, que regulamenta seu trâmite. Logo, vejamos os requisitos da reconvenção de acordo com o CPC:

> Art. 343. Na contestação, é lícito ao réu propor reconvenção para manifestar pretensão própria, conexa com a ação principal ou com o fundamento da defesa.

§ 1º Proposta a reconvenção, o autor será intimado, na pessoa de seu advogado, para apresentar resposta no prazo de 15 (quinze) dias.

§ 2º A desistência da ação ou a ocorrência de causa extintiva que impeça o exame de seu mérito não obsta ao prosseguimento do processo quanto à reconvenção.

§ 3º A reconvenção pode ser proposta contra o autor e terceiro.

§ 4º A reconvenção pode ser proposta pelo réu em litisconsórcio com terceiro.

§ 5º Se o autor for substituto processual, o reconvinte deverá afirmar ser titular de direito em face do substituído, e a reconvenção deverá ser proposta em face do autor, também na qualidade de substituto processual.

§ 6º O réu pode propor reconvenção independentemente de oferecer contestação. (Brasil, 2015)

O CPC não deixa dúvidas com relação ao procedimento da reconvenção, porém, a CLT não disciplina o assunto, o que abre uma lacuna na legislação trabalhista para a aplicação da reconvenção na Justiça do Trabalho. Contudo, por outro lado, essa lacuna é suprida pelo CPC, pela doutrina e pelos tribunais pertencentes à Justiça do Trabalho.

Há autores que entendem que não é possível o cabimento da reconvenção no processo do trabalho, em razão de a legislação trabalhista não tratar sobre o dispositivo. Por outro lado, a corrente doutrinária e jurisprudencial majoritária entende que é perfeitamente aplicável a reconvenção ao direito processual do trabalho.

O Professor Sérgio Pinto Martins (2018, p. 431) entende que é plenamente cabível a reconvenção na Justiça do Trabalho, apesar de a CLT não tratar expressamente do tema:

> Penso ser plenamente cabível a reconvenção no processo do trabalho, pois há omissão da CLT, sendo o caso de se utilizar das disposições do CPC (artigo 769 da CLT). A CLT não veda o instituto da reconvenção nem ao menos regula o assunto, não sendo aquela incompatível com os princípios do processo do trabalho. Ao contrário, com a reconvenção há andamento mais célere do processo, economia processual e brevidade na solução do litígio, evitando a dualidade de ações conexas e provas repetidas, se as ações tivessem sido propostas em separado, inclusive com o apensamento de reclamações diversas.

Bezerra Leite (2019, p. 763) também coaduna com a doutrina majoritária e entende ser cabível a reconvenção no processo do trabalho:

> Todavia, cerramos fileira com a corrente majoritária, no sentido de que a reconvenção é perfeitamente compatível com o processo do trabalho, desde que sejam observadas algumas peculiaridades ínsitas a esse setor especializado do direito processual, mormente no que tange ao procedimento a ser observado.

Uma questão relevante é observada pelo autor, quando defende a possível aplicação da reconvenção no processo do trabalho, é que, caso seja negada sua aplicação, haverá lesão ou ameaça de direito, além da violação ao princípio da inafastabilidade do acesso ao Poder Judiciário, nos termos do art. 5º, inciso XXXV, da CF de 1988 (Leite, 2019). Outro argumento pertinente que Bezerra Leite (2019, p. 764) suscita na defesa da reconvenção é quando "o processamento simultâneo da ação e da reconvenção repousa nos princípios da celeridade processual e da economia processual, os quais, no processo do trabalho, devem encontrar acolhida com maior ênfase".

Portanto, é entendimento majoritário a possibilidade de reconvenção na Justiça do Trabalho. Os requisitos para a reconvenção estão dispostos no CPC, porém, no que couber, a legislação e a prática trabalhista devem ser aplicadas no momento do trâmite da reconvenção. A própria CLT, no art. 769, esclarece que, "nos casos omissos, o direito processual comum será fonte subsidiária do direito processual do trabalho, exceto naquilo em que for incompatível com as normas deste Título" (Brasil, 1943).

Assim como no processo civil, a reconvenção no processo do trabalho, quando for apresentada, deve ser contestada pelo autor da ação principal e seguir os requisitos como se fosse um processo autônomo. O art. 343 do CPC recomenda que a reconvenção seja apresentada em peça processual apartada dos autos principal, contudo, no processo do trabalho isso não é obrigatório, tendo em vista o princípio da simplicidade; logo, as duas ações são aceitas em um único processo (Leite, 2019).

A revelia é aceita na reconvenção em virtude de ser considerada uma ação. Logo, "se o reclamante-reconvindo presente à audiência não apresentar defesa à reconvenção, sofrerá ele os efeitos da confissão presumida ou ficta quanto à matéria de fato deduzida pelo reclamante-reconvinte" (Leite, 2019, p. 771). No que diz respeito à sentença do processo que apresente pedido de reconvenção, será proferida uma só sentença, contudo, nela serão mencionadas a decisão sobre a ação principal e a decisão sobre a reconvenção.

— 7.4 —
Confissão e revelia

A confissão e a revelia são atos utilizados na Justiça do Trabalho, em regra, de forma conjunta, ou seja, quando se aplica uma, geralmente, a outra também é aplicada.

A revelia é um instrumento processual aplicado em qualquer âmbito do direito, inclusive no direito do trabalho. Trata-se da "posição em que se coloca o réu que, validamente citado, não se defende; que não apresenta contestação. A revelia decorre da ausência do *animus* de defesa, ou seja, é a contumácia do réu, que não se dispõe a ir a juízo se defender" (Sales, 2020, p. 152). Na Justiça do Trabalho, a revelia ocorre quando o réu deixa de comparecer à audiência para apresentar sua defesa, nos termos do art. 844 da CLT: "O não comparecimento do reclamante à audiência importa o arquivamento da reclamação, e o não comparecimento do reclamado importa revelia, além de confissão quanto à matéria de fato" (Brasil, 1943).

Para que ocorra revelia, não há a necessidade de que o réu seja comunicado, pois, quando o réu recebe a notificação sobre a demanda, já constam as informações do prazo para se manifestar e, em caso de não manifestação, as consequências decorrentes da inércia. O fundamento para a aplicação da revelia no processo do trabalho encontra respaldo no art. 344 do CPC: "Se o réu não contestar a ação, será considerado revel e presumir-se-ão verdadeiras as alegações de fato formuladas pelo autor" (Brasil, 2015).

Na CLT, o art. 844 discorre sobre a revelia e a confissão: "O não comparecimento do reclamante à audiência importa o arquivamento da reclamação, e o não comparecimento do reclamado importa revelia, além de confissão quanto à matéria de fato" (Brasil, 1943). Bezerra Leite (2019, p. 697) explica os dois atos: "revel é aquele que não contesta a ação. Contumaz, por exclusão, é aquele que não comparece a audiência". Logo, podemos entender que, se o réu não apresenta defesa oral ou por escrito, mas comparece na audiência, será apenas revel, mas a confissão não será aplicada. Importante mencionar que a revelia é aplicável apenas ao réu.

A confissão mencionada no art. 844 da CLT é denominada *confissão tácita* ou *ficta*. A confissão tácita ocorre quando o réu não comparece na audiência inicial. A confissão ficta é diferente da confissão expressa, que é aquela quando uma das partes, no momento do depoimento pessoal, fala sobre os fatos que estão sendo questionados.

O TST manifesta entendimento com relação à confissão ficta na Súmula n. 74:

> CONFISSÃO
>
> I – Aplica-se a confissão à parte que, expressamente intimada com aquela cominação, não comparecer à audiência em prosseguimento, na qual deveria depor. (ex-Súmula nº 74-RA 69/1978, DJ 26.09.1978)
>
> II – A prova pré-constituída nos autos pode ser levada em conta para confronto com a confissão ficta (art. 400, I, CPC), não implicando cerceamento de defesa o indeferimento de provas posteriores. (ex-OJ nº 184 da SBDI-1–inserida em 08.11.2000)
>
> III – A vedação à produção de prova posterior pela parte confessa somente a ela se aplica, não afetando o exercício, pelo magistrado, do poder/dever de conduzir o processo. (TST, 2021)

Existe uma peculiaridade no processo do trabalho: o réu à revelia, mesmo não tendo advogado constituído nos autos, deve ser notificado da sentença, conforme preceitua o art. 852 da CLT, que remete ao art. 841, parágrafo 1º:

Art. 841. Recebida e protocolada a reclamação, o escrivão ou secretário, dentro de 48 (quarenta e oito) horas, remeterá a segunda via da petição, ou do termo, ao reclamado, notificando-o ao mesmo tempo, para comparecer à audiência do julgamento, que será a primeira desimpedida, depois de 5 (cinco) dias.

§ 1º A notificação será feita em registro postal com franquia. Se o reclamado criar embaraços ao seu recebimento ou não for encontrado, far-se-á a notificação por edital, inserto no jornal oficial ou no que publicar o expediente forense, ou, na falta, afixado na sede da Junta ou Juízo. (Brasil, 1943)

A revelia produz efeitos materiais e processuais que interferem em vários momentos do processo, em especial, na sentença. O principal efeito decorrente da revelia é a presunção de veracidade dos fatos alegados na inicial pelo autor.

Apesar de a revelia ser aplicável ao réu quando este não apresenta sua defesa após a notificação, o parágrafo 4º do art. 844 da CLT elenca os momentos em que a revelia não é aplicável:

Art. 844. [...]

[...]

§ 4º A revelia não produz o efeito mencionado no caput deste artigo se:

I – havendo pluralidade de reclamados, algum deles contestar a ação;

II – o litígio versar sobre direitos indisponíveis;

III – a petição inicial não estiver acompanhada de instrumento que a lei considere indispensável à prova do ato;

IV – as alegações de fato formuladas pelo reclamante forem inverossímeis ou estiverem em contradição com prova constante dos autos. (Brasil, 1943)

Quando ocorre a revelia, é dado prosseguimento ao processo, independentemente de notificação do réu para a continuidade dos atos processuais. O art. 346 do CPC esclarece que: "Os prazos contra o revel que não tenha patrono nos autos fluirão da data de publicação do ato decisório no órgão oficial" (Brasil, 2015). Já o parágrafo único do mesmo dispositivo dispõe que o revel poderá manifestar-se em qualquer fase do processo.

Capítulo 8

Sentença e coisa julgada

Até aqui já abordamos o início do processo e os requisitos que devem ser observados para a propositura de uma ação. Também analisamos a fase de defesa e a resposta do réu, que, em regra, é realizada por meio da contestação, mas há outras formas de o réu realizar sua defesa de forma efetiva e, se não o fizer, corre os riscos de o processo correr à revelia.

Neste capítulo, trataremos sobre a fase decisória do processo de conhecimento, que ocorre depois da resposta do réu e das audiências inicial e de instrução, ou seja, a sentença e a coisa julgada.

— 8.1 —
Sentença

A sentença, é o momento em que o juiz julga os pedidos do autor e analisa a defesa do réu de acordo com os fatos, os fundamentos e as provas juntadas aos autos, além daquelas solicitadas pelas partes, comumente a prova oral, com oitiva das partes e testemunhas e prova pericial.

O Professo Mauro Schiavi (2018, p. 850) conceitua sentença da seguinte forma:

> A palavra sentença vem do latim *sentire*, **que significa sentimento**. Por isso, podemos dizer que sentença é o sentimento do Juiz sobre o processo. É a principal peça da relação jurídica processual, na qual o Juiz irá decidir se acolhe ou não a pretensão posta em juízo, ou extinguirá o processo sem resolução

do mérito. A sentença, na perspectiva moderna, é o ato judicial por meio do qual se opera o comando abstrato da lei às situações concretas, que se realiza mediante uma atividade cognitiva, intelectiva e lógica do Juiz, como agente de jurisdição.

Giglio e Corrêa (2005, p. 345) consideram a sentença a parte mais importante para o processo:

> Todos os atos processuais objetivam o mesmo fim, a sentença. A peça mais importante do processo consiste, em síntese, num silogismo, em que os fatos apresentados estabelecem a premissa menor, as normas jurídicas aplicáveis à espécie funcionam como premissa maior, e a parte dispositiva da decisão corresponde à conclusão. A sentença deve ser clara, precisa e, atendendo às regras do bom estilo, concisa.

Como observamos, a sentença é o objetivo fundamental de um processo, pois é a fase decisória da demanda. A Consolidação das Leis do Trabalho (CLT) – aprovada pelo Decreto-Lei n. 5.452, de 1º de maio de 1943 (Brasil, 1943) – é omissa quanto à definição de sentença. Dessa forma, o Código de Processo Civil (CPC) – Lei n. 13.105, de 16 de março de 2015 (Brasil, 2015) – é utilizado subsidiariamente para regulamentar essa fase processual. Assim o CPC, no art. 203, parágrafo 1º, conceitua *sentença*: "é o pronunciamento por meio do qual o juiz, com fundamento nos arts. 485 e 487, põe fim à fase cognitiva do procedimento comum, bem como extingue a execução" (Brasil, 2015).

Insta salientar que *sentença* é diferente de *decisão interlocutória*. Esta, conforme o CPC, "é todo pronunciamento do judicial de natureza decisória que não se enquadre no § 1º" do art. 203 do CPC (Brasil, 2015). Portanto, a sentença é o ato que põe fim ao processo na fase do conhecimento comum, enquanto a decisão interlocutória é aquela que ocorre durante o andamento processual, como é o caso de pedido de justiça gratuita, pedido de dilação de prazo ou qualquer outro pedido realizado pelas partes que não seja a decisão final dos pedidos principais elencados na inicial e apresentados na fase de defesa do réu.

O CPC, nos arts. 485, 486 e 487, dispõe sobre as decisões do juiz que resolverá a demanda com ou sem resolução do mérito, as quais são denominadas *sentenças terminativas* ou *sentenças definitivas*.

As **sentenças terminativas** são aquelas que colocam fim ao processo de conhecimento sem resolução do mérito "porque o processo apresenta um vício processual insanável, que se apresenta como um obstáculo intransponível, não o permitindo alcançar a discussão de fundo" (Sales, 2020, p. 184). Essas sentenças põem fim apenas ao processo, e não ao direito material. Contudo, antes de proferir a sentença terminativa, o juiz deverá dar a oportunidade para a parte sanar o vício apresentado.

Bezerra Leite (2019, p. 887) conceitua *sentença terminativa* como "o provimento judicial que, sem apreciar o mérito, resolve o procedimento no primeiro grau de jurisdição ou a execução".

As hipóteses que põem fim ao processo sem a resolução do mérito são:

> Art. 485. O juiz não resolverá o mérito quando:
> I – indeferir a petição inicial;
> II – o processo ficar parado durante mais de 1 (um) ano por negligência das partes;
> III – por não promover os atos e as diligências que lhe incumbir, o autor abandonar a causa por mais de 30 (trinta) dias;
> IV – verificar a ausência de pressupostos de constituição e de desenvolvimento válido e regular do processo;
> V – reconhecer a existência de perempção, de litispendência ou de coisa julgada;
> VI – verificar ausência de legitimidade ou de interesse processual;
> VII – acolher a alegação de existência de convenção de arbitragem ou quando o juízo arbitral reconhecer sua competência;
> VIII – homologar a desistência da ação;
> IX – em caso de morte da parte, a ação for considerada intransmissível por disposição legal; e
> X – nos demais casos prescritos neste Código. (Brasil, 2015)

Insta salientar que há situações em que, mesmo sendo terminativa a sentença, não ocorre automaticamente a extinção do processo em primeiro grau, pois poderá haver a interposição de embargos de declaração ou apelação, e a sentença pode ser reformada pelo próprio juízo que a proferiu, transformando-a em sentença definitiva (Leite, 2019).

As **sentenças definitivas**, diferentemente das terminativas, são aquelas que findam o processo de conhecimento, ou seja, o juiz decide com resolução do mérito (decisão sobre o direito material). "As sentenças definitivas resolvem não apenas a relação jurídica processual, mas também a relação de direito material" (Sales, 2020, p. 188). As hipóteses de sentenças definitivas são:

> Art. 487. Haverá resolução de mérito quando o juiz:
> I – acolher ou rejeitar o pedido formulado na ação ou na reconvenção;
> II – decidir, de ofício ou a requerimento, sobre a ocorrência de decadência ou prescrição;
> III – homologar:
> a) o reconhecimento da procedência do pedido formulado na ação ou na reconvenção;
> b) a transação;
> c) a renúncia à pretensão formulada na ação ou na reconvenção. (Brasil, 2015)

Explica Bezerra Leite (2019, p. 888) que a sentença definitiva pode pôr fim ao processo em primeiro grau, como ocorre no caso da sentença declaratória de procedência, ou, ainda, com qualquer sentença de improcedência, "se em ambos os casos não houver interposição tempestiva de recurso ordinário".

As sentenças definitivas apresentam diferentes efeitos:

- **Sentença declaratória** – É a sentença que apenas declara a existência ou não de uma relação jurídica ou a veracidade ou falsidade de provas documentais. "Mesmo que haja a violação de um direito, a pretensão do autor pode se limitar à mera declaração" (Sales, 2020, p. 190).
- **Sentença constitutiva** – É aquela que cria, modifica ou extingue direitos. Em regra, essa sentença não retroage no tempo, o que faz com que seus efeitos sejam projetados para o futuro, ou seja, produz efeitos apenas a partir do ajuizamento da ação (Sales, 2020).
- **Sentença condenatória** – É aquela que gera algum tipo de obrigação para uma das partes decorrentes dos pedidos. "As obrigações impostas ao vencido nas sentenças condenatórias podem ser de: fazer, não fazer, entregar ou pagar quantia (CPC/73, art. 475-I; CPC, art. 513)" (Leite, 2019, p. 903).
- **Sentença mandamental** – É a sentença que manda cumprir uma determinação judicial, como é o caso do mandado de segurança, que impõe a determinada autoridade o cumprimento da sentença que foi proferida. A sentença mandamental é aquela que Pontes de Miranda (1974) define como uma ordem judicial que deve ser obedecida imediatamente.

Com relação à intimação sobre a sentença, "da decisão serão os litigantes notificados, pessoalmente, ou por seu representante, na própria audiência. No caso de revelia, a notificação far-se-á pela forma estabelecida no § 1º do art. 841", nos termos do art. 852 da CLT (Brasil, 1943). O prazo para interposição de recurso ordinário inicia-se a partir da publicação da sentença, conforme disciplina a Súmula n. 197 do TST. Os prazos e os tipos de recurso serão tratados em capítulo específico.

— 8.1.1 —
Elementos da sentença

Com relação aos elementos da sentença, o art. 489 do CPC dispõe:

> Art. 489. São elementos essenciais da sentença:
>
> I – o relatório, que conterá os nomes das partes, a identificação do caso, com a suma do pedido e da contestação, e o registro das principais ocorrências havidas no andamento do processo;
>
> II – os fundamentos, em que o juiz analisará as questões de fato e de direito;
>
> III – o dispositivo, em que o juiz resolverá as questões principais que as partes lhe submeterem. (Brasil, 2015)

Todas as sentenças proferidas precisam observar os requisitos elencados no dispositivo ora transcrito, sob pena de, diante da ausência ou da omissão de algum elemento, interposição de recurso de embargos de declaração, a fim de que as omissões ou as contradições apresentadas na sentença sejam reformadas.

No **relatório**, é necessário constar o nome das partes, uma breve síntese dos fatos narrados na petição inicial e a tese de defesa do réu. Por força do art. 852-I da CLT, na sentença trabalhista pode ser dispensado o relatório, porém, de qualquer modo, há a necessidade de mencionar um resumo dos fatos relevantes que ocorreram em audiência.

A **fundamentação** consiste na legislação e nas razões nas quais o juiz se embasa para proferir aquela decisão. Portanto, é o momento em que o juiz explica, de forma fundamentada, cada ponto que irá decidir, mencionando o exame das provas que as partes produziram no andamento processual.

Por sua vez, o **dispositivo** está relacionado com a conclusão da sentença, pois é na conclusão que o juiz apresenta sua decisão, acolhendo ou rejeitando o pedido das partes, bem como quando decide o processo sem resolução do mérito (Leite, 2019).

Os elementos ora mencionados são aqueles previstos pelo CPC e, assim, usados como subsídio no processo do trabalho. No quesito elementos de sentença, ou *decisão*, como é denominada a sentença na CLT, a legislação apresenta **requisitos complementares**. Vejamos o que dispõe o art. 832 da CLT:

> Art. 832. Da decisão deverão constar o nome das partes, o resumo do pedido e da defesa, a apreciação das provas, os fundamentos da decisão e a respectiva conclusão.
>
> § 1º Quando a decisão concluir pela procedência do pedido, determinará o prazo e as condições para o seu cumprimento.
>
> § 2º A decisão mencionará sempre as custas que devam ser pagas pela parte vencida.

§ 3º As decisões cognitivas ou homologatórias deverão sempre indicar a natureza jurídica das parcelas constantes da condenação ou do acordo homologado, inclusive o limite de responsabilidade de cada parte pelo recolhimento da contribuição previdenciária, se for o caso.

§ 3º-A. Para os fins do § 3º deste artigo, salvo na hipótese de o pedido da ação limitar-se expressamente ao reconhecimento de verbas de natureza exclusivamente indenizatória, a parcela referente às verbas de natureza remuneratória não poderá ter como base de cálculo valor inferior:

I – ao salário-mínimo, para as competências que integram o vínculo empregatício reconhecido na decisão cognitiva ou homologatória; ou

II – à diferença entre a remuneração reconhecida como devida na decisão cognitiva ou homologatória e a efetivamente paga pelo empregador, cujo valor total referente a cada competência não será inferior ao salário-mínimo.

§ 3º-B. Caso haja piso salarial da categoria definido por acordo ou convenção coletiva de trabalho, o seu valor deverá ser utilizado como base de cálculo para os fins do § 3º-A deste artigo.

§ 4º A União será intimada das decisões homologatórias de acordos que contenham parcela indenizatória, na forma do art. 20 da Lei no 11.033, de 21 de dezembro de 2004, facultada a interposição de recurso relativo aos tributos que lhe forem devidos.

§ 5º Intimada da sentença, a União poderá interpor recurso relativo à discriminação de que trata o § 3º deste artigo.

§ 6º O acordo celebrado após o trânsito em julgado da sentença ou após a elaboração dos cálculos de liquidação de sentença não prejudicará os créditos da União.

§ 7º O Ministro de Estado da Fazenda poderá, mediante ato fundamentado, dispensar a manifestação da União nas decisões homologatórias de acordos em que o montante da parcela indenizatória envolvida ocasionar perda de escala decorrente da atuação do órgão jurídico. (Brasil, 1943)

O juiz do trabalho, para proferir a sentença trabalhista, além de atender aos requisitos apresentados no CPC, deve observar os elementos complementares dispostos na CLT, visto que, apesar de a legislação trabalhista não tratar especificamente do elemento sentença, quando ela prevê peculiaridades inerentes ao processo do trabalho, estas devem ser aplicadas, o que faz com que haja maior eficácia nas decisões no âmbito trabalhista.

— 8.1.2 —
Vícios da sentença

Apesar do CPC e da CLT, em parte, determinarem os requisitos e os fundamentos da sentença, nem sempre a sentença é proferida sem algum tipo de vício. Se a sentença contiver algum vício, deve ser anulada por meio de recurso específico.

Nesse contexto, por vezes, as sentenças são *citra*, *ultra* ou *extra petita*. Vejamos cada caso a seguir.

- **Sentença *ultra petita*** – É aquela que Carrion (2000) define como decisão além do que foi pleiteado pelo o autor. Essa sentença é passível de reforma por via de recurso.
- **Sentença *extra petita*** – É a sentença que decide de forma diversa dos pedidos do autor e que é passível de ser reformada mediante recurso (Carrion, 2000).
- **Sentença *citra petita*** – Ocorre quando o juiz não se manifesta sobre algum dos pedidos realizados pelo autor da demanda, sendo passível de anulação (Carrion, 2000).

No processo do trabalho, embora esses vícios de sentença sejam encontrados, em alguns casos, a doutrina entende, especificamente, que há hipóteses de a decisão ser de forma *ultra petita*, como é o caso do art. 467 da CLT:

> Art. 467. Em caso de rescisão de contrato de trabalho, havendo controvérsia sobre o montante das verbas rescisórias, o empregador é obrigado a pagar ao trabalhador, à data do comparecimento à Justiça do Trabalho, a parte incontroversa dessas verbas, sob pena de pagá-las acrescidas de cinquenta por cento. (Brasil, 1943)

Nessa hipótese, explica o Professor Bezerra Leite (2019), se for omissa a petição inicial, o juiz poderá condenar o empregador a pagar as verbas incontroversas da relação de emprego, acrescidas da multa de 50% dos valores devidos. Esse é um exemplo de decisão *ultra petita* reconhecida no processo do trabalho.

— 8.2 —
Coisa julgada

A coisa julgada ocorre quando não há mais possibilidade de recorrer de determinada sentença, independentemente da instância processual. "Coisa julgada é a qualidade da decisão que torna indiscutível e imutável. Ela configura, pois, a segurança jurídica que vamos buscar no processo" (Sales, 2020, p. 202).

A coisa julgada é uma garantia constitucional: "a lei não prejudicará o direito adquirido, o ato jurídico perfeito e a coisa julgada", conforme art. 5º, inciso XXXVI, da Constituição Federal (CF) de 1988.

Sérgio Pinto Martins (2018, p. 382) assim esclarece o tema: "A coisa julgada tem fundamento político, no sentido da certeza do direito, de as partes não poderem rediscutir questão já julgada, o que geraria insegurança jurídica da relação. Visa à exigência de pacificação social, no âmbito da certeza e segurança das relações sociais".

O CPC, no art. 508, estabelece que, quando transitada em julgado determinada decisão referente ao mérito da demanda, serão consideradas deduzidas e repelidas "todas as alegações e as defesas que a parte poderia opor tanto ao acolhimento quanto à rejeição do pedido" (Brasil, 2015).

A coisa julgada pode ser formal ou material. A **coisa julgada formal**, apesar de o entendimento não ser pacífico, "representa a estabilidade que a sentença adquire no processo em que foi proferida, quer tenha havido análise de mérito, quer não tenha ocorrido tal investigação" (Leite, 2019, p. 933). Tanto as sentenças terminativas quanto as definitivas podem fazer coisa julgada formal, tendo em vista o fato de surgir a preclusão recursal.

A **coisa julgada material** está disposta no art. 502 do CPC: "denomina-se coisa julgada material a autoridade que torna imutável e indiscutível a decisão de mérito não mais sujeita a recurso". Explica Leite (2019, p. 934):

> A sentença que julgar total ou parcialmente a lide, ou seja, o pedido, tem força de lei nos limites da lide e das questões decididas. É exatamente a sentença, que resolve o processo com apreciação do pedido, acolhendo-o total ou parcialmente, que transitada em julgado produz coisa julgada material, também chamada de *res judicata*.

É possível dizer que a coisa julgada material abrange a coisa julgada formal. Quanto à principal diferença entre ambas, é possível afirmar que, na formal, a eficácia está limitada à sentença em que foi proferida, "não impedindo, assim, que a lide (mérito) possa ser novamente submetida à apreciação judicial" por meio de um outro processo, com a observação necessária dos arts. 485 e 486, § 1º do CPC (Leite, 2019, p. 934). Já a material abrange a eficácia além do processo em que foi prolatada a sentença, o que o torna imutável "não apenas no processo originário, mas em qualquer outro que porventura venha a ser iniciado" (Leite, 2019, p. 934).

Em outras palavras, é possível concluir que, quando há sentença em um processo sem a resolução do mérito e este transita em julgado, o efeito é a coisa julgada formal; de outro lado, a coisa julgada material aplica-se àqueles processos em que a sentença resolve a demanda com resolução do mérito, ou seja, decidindo sobre os pedidos específicos da parte.

Parte 3

Processo do trabalho: fase recursal

Capítulo 9

Noções gerais dos recursos

A fase recursal é de extrema importância no decorrer de um processo, independentemente da área do direito a qual pertence. Após a sentença, caso as partes acreditem que seus direitos continuam sendo violados, permanecendo elas injustiçadas, se houver a possibilidade, podem recorrer da sentença do juízo *a quo*, ou seja, daquele que proferiu a primeira sentença processual, mediante interposição do recurso que couber em cada caso. Dessa forma, passamos à análise dos requisitos e dos recursos cabíveis no processo do trabalho.

— 9.1 —
Conceito e princípios dos recursos no processo do trabalho

Antes de abordarmos a classificação dos recursos na Justiça do Trabalho, é importante mencionar o que a doutrina entende como *recurso*. Arruda Alvim (2016, p. 445) explica *recurso* como "um curso repetido, no sentido de que todo recurso faz com que a decisão, que entrega uma tutela às partes, seja pelas partes devolvida ao Judiciário".

O Professor João Humberto Cesário (2018, p. 17) esclarece:

> o escopo recursal é perseguido no interior da própria relação processual instaurada (por isso, na boa linguagem jurídica, os recursos são "interpostos") ao contrário do que acontece com

algumas ações impugnativas autônomas, tais como o mandado de segurança ou a ação rescisória, que devem ser ajuizados em relações processuais autônomas.

Os recursos são instrumentos que asseguram às partes interessadas que se sentirem vencidas a possibilidade de reivindicar um novo pronunciamento aos órgãos jurisdicionais da sentença específica que foi decretada (Nascimento, 1994, p. 281). Para Marinoni, Arenhart e Mitidiero (2015, p. 923), *recurso* é "um meio voluntário de impugnação das decisões judiciais, interno ao processo, que visa à reforma, à anulação ou ao aprimoramento da decisão atacada".

Logo, os recursos são mecanismos processuais de que as partes dispõem para reaverem pontos de decisões judiciais em que ainda acreditem que estão, de alguma forma, lesadas.

— 9.1.1 —
Princípios recursais no processo do trabalho

Todos aqueles princípios já elencados em capítulo específico deste livro aplicam-se ao direito processual do trabalho como um todo e em qualquer instância processual. Apesar de a doutrina não ser uniforme no que concerne ao número de princípios existentes aplicáveis aos recursos, mencionaremos aqui alguns que são aplicados na fase recursal, garantindo ainda mais o contraditório e a ampla defesa das partes envolvidas.

- **Princípio do duplo grau de jurisdição** – Esse princípio refere-se à previsão normativa, de forma explícita ou implícita, que existe em um ordenamento jurídico para que as decisões judiciais possam ser reanalisadas, geralmente, em instância superior. Bezerra Leite (2019, p. 978) explica que tal princípio constitui "um direito humano conferido a toda pessoa de interpor recurso das decisões judiciais para um juiz ou tribunal superior". Já Marinoni, Arenhart e Mitidiero (2015, p. 505) argumentam que: "Ter direito ao duplo grau de jurisdição significa ter direito a um exame do mérito da controvérsia por dois juízes distintos". Portanto, o princípio do duplo grau de jurisdição é uma garantia de as decisões judiciais serem revistas sob uma nova perspectiva.
- **Princípio da manutenção dos efeitos da sentença** – O art. 899 da Consolidação das Leis do Trabalho (CLT) – aprovada pelo Decreto-Lei n. 5.452, de 1º de maio de 1943 (Brasil, 1943) – menciona que os recursos trabalhistas terão efeito devolutivo, e, assim, não há necessidade de o juiz declarar em sentença em que efeito receberá o recurso. Em regra, no processo do trabalho, trata-se da não suspensão dos efeitos da sentença e, por outro lado, da possibilidade de permissão para o cumprimento provisório da sentença com relação às parcelas incontroversas da sentença (Leite, 2019).
- **Princípio da singularidade, unirrecorribilidade ou unicidade recursal** – Esse princípio garante que não seja permitido mais de um recurso contra a mesma decisão. "É dizer,

os recursos não podem ser utilizados simultaneamente, mas sim sucessivamente, obedecendo-se à hierarquia dos órgãos jurisdicionais (graus de jurisdição)" (Leite, 2019, p. 1.003).

- **Princípio da voluntariedade** – Garante que os tribunais não apreciem matérias da decisão que não foram levadas até suas jurisdições. A parte interessada precisa suscitar os pontos da decisão judicial que gostaria que fossem reanalisados pelo tribunal específico.

Esses são apenas alguns dos princípios que devem ser observados no momento da interposição do recurso pela parte, bem como pelo tribunal competente para reavaliar a decisão do juízo *a quo*.

— 9.2 —
Pressupostos recursais

Assim como no início da demanda processual mediante petição inicial é necessário atender a alguns pressupostos processuais para que seja admitida a exordial, na fase recursal também existem os pressupostos recursais a serem observados para que o recurso interposto seja admitido. Logo, os pressupostos que veremos a seguir são as condições que o recorrente deve preencher para que seu recurso seja apreciado.

De acordo com a doutrina, os pressupostos recursais estão divididos em intrínsecos ou extrínsecos. Primeiramente, trataremos dos pressupostos recursais aplicados aos recursos de modo geral. Contudo, alguns recursos específicos, como é o caso do recurso extraordinário, do recurso de revista e dos embargos no Tribunal Superior do Trabalho (TST), têm seus próprios pressupostos de admissibilidade, como adiante evidenciaremos.

— 9.2.1 —
Pressupostos intrínsecos

Os pressupostos intrínsecos, também denominados *subjetivos*, estão conectados aos atributos do recorrente. Bezerra Leite (2019) classifica-os em: legitimidade, capacidade e interesse.

- **Legitimidade** – A legitimidade está relacionada a quem poderá interpor o recurso. Salientamos que, para interpor um recurso, é necessário ser uma das partes que compõem a lide processual e estão ligadas a um processo específico. Portanto, trata-se daquele que tenha participado como parte em um processo na primeira instância, nos termos do art. 996 do CPC. Quem também pode ser parte na fase recursal é o Ministério Público do Trabalho (MPT), tanto quando for parte como quando estiver atuando na defesa da lei, conforme preceitua o art. 83, inciso VI, da Lei Complementar n. 75, de 20 de maio de 1993, que dispõe sobre as atribuições do Ministério Público da União (Brasil, 1993). Ademais, o art. 898 da CLT esclarece: "Das decisões proferidas em dissídio coletivo que afete empresa de serviço público, ou, em qualquer caso, das proferidas em revisão, poderão recorrer, além dos interessados, o Presidente do Tribunal e a Procuradoria da Justiça do Trabalho" (Brasil, 1943). Esses são, então, os legitimados para interpor recursos.

- **Capacidade** – Além da legitimidade, é necessário a capacidade para interpor recurso. O Professor Bezerra Leite (2019, p. 1.016) explica que, "se o recorrente não se encontrar mentalmente apto à prática de atos da vida civil, então não terá capacidade para recorrer, devendo, neste caso, ser legalmente representado nos termos da Lei Civil". Se for detectada a incapacidade, o relator do processo irá suspendê-lo, concedendo prazo para que a incapacidade processual seja sanada, observando os parâmetros legais.

- **Interesse** – Esse pressuposto está ligado ao interesse da parte em reformar a sentença judicial em que se sentiu lesado. A interposição do recurso deve ser útil para aquele que está recorrendo com o objetivo de reformar a sentença proferida em juízo *a quo*. Segundo Bezerra Leite (2019, p. 1.016):

> o recurso deve ser útil ao recorrente, pois, se o bem jurídico por ele perseguido for espontaneamente satisfeito pelo recorrido depois de proferida a decisão impugnada, não haverá utilidade do recurso. Ademais, a utilidade do recurso é aferível pela existência de gravame – prejuízo ou sucumbência – suportado pela parte ou pelo terceiro interveniente.

O interesse em agir da parte pode ocorrer até mesmo quando a sentença for favorável à parte com interesse em recorrer, como é o caso de o juízo *a quo* rejeitar o pedido contraposto que o réu formulou no momento de sua defesa (Leite, 2019).

— 9.2.2 —
Pressupostos extrínsecos

Os pressupostos extrínsecos, também denominados *objetivos*, estão conectados aos aspectos do recurso. Bezerra Leite (2019) classifica-os em: recorribilidade do ato, adequação, tempestividade, representação, preparo e inexistência de fato extintivo ou impeditivo do direito de recorrer.

- **Recorribilidade do ato (cabimento)** – Primeiro pressuposto extrínseco a ser analisado é se há a possibilidade de cabimento do recurso, ou seja, se a decisão judicial apresenta elementos que sejam passíveis de recurso. Observados todos os requisitos necessários para o reconhecimento do recurso, o juízo *a quo* não poderá deixar de conhecer o recurso e remeter ao tribunal competente.
- **Adequação** – Além de avaliar se é possível ou não o cabimento do recurso, é necessário também observar se é o recurso próprio para impugnar determinada sentença e se está de acordo com a legislação vigente. Contudo, a má adequação do recurso não poderá prejudicar a parte recorrente, visto que, na Justiça do Trabalho, é admitido o *jus postulandi* para

empregados e empregadores, nos termos do art. 791 da CLT e da Súmula n. 426 do TST (Leite, 2019).

- **Tempestividade** – Esse pressuposto está relacionado ao prazo para a interposição do recurso de acordo com a legislação. Em regra, os prazos dos recursos no processo do trabalho são de 8 dias, porém, cada recurso tem seus prazos (que serão mencionados em momento oportuno) e são peremptórios, não podendo as partes alterá-los por convenção. Quando decorrido esse prazo, opera a preclusão do direito de recorrer.

- **Representação** – Por força do art. 791 da CLT, "os empregados e os empregadores poderão reclamar pessoalmente perante a Justiça do Trabalho e acompanhar as suas reclamações até o final". A Súmula n. 425 do TST aplica as exceções ao *jus postulandi*: "O jus postulandi das partes, estabelecido no art. 791 da CLT, limita-se às Varas do Trabalho e aos Tribunais Regionais do Trabalho, não alcançando a ação rescisória, a ação cautelar, o mandado de segurança e os recursos de competência do Tribunal Superior do Trabalho". Há discussões na doutrina com relação à aplicação da Súmula n. 425 na Justiça do Trabalho. Contudo, cabe esclarecer que, em regra, a Justiça do Trabalho adota o *jus postulandi* em quase todos os procedimentos realizados no processo do trabalho, mas, para os recursos previstos na descrição da súmula citada, em razão da complexidade das ações e dos recursos, há a necessidade da representação por um advogado para que a parte tenha seu direito pleiteado.

- **Preparo** – O preparo, de forma sucinta, é o recolhimento ou o depósito para fins de interposição de recurso. As custas processuais na Justiça do Trabalho comumente são pagas pelo reclamado, pois, como o empregado é tido como o lado vulnerável da relação de emprego, é a ele concedido o pedido de justiça gratuita já na fase inicial da demanda. A concessão da justiça gratuita não é absoluta, pois, se houver litigância de má-fé, por exemplo, poderá o reclamante arcar com custas dos prejuízos que a outra parte despendeu. Com relação ao depósito recursal, o art. 899 da CLT dispõe sobre os valores que deverão ser recolhidos para a admissão do recurso:

> Art. 899. Os recursos serão interpostos por simples petição e terão efeito meramente devolutivo, salvo as exceções previstas neste Título, permitida a execução provisória até a penhora.
>
> § 1º Sendo a condenação de valor até 10 (dez) vezes o salário-mínimo regional, nos dissídios individuais, só será admitido o recurso inclusive o extraordinário, mediante prévio depósito da respectiva importância. Transitada em julgado a decisão recorrida, ordenar-se-á o levantamento imediato da importância de depósito, em favor da parte vencedora, por simples despacho do juiz.
>
> § 2º Tratando-se de condenação de valor indeterminado, o depósito corresponderá ao que for arbitrado, para efeito de custas, pela Junta ou Juízo de Direito, até o limite de 10 (dez) vezes o salário-mínimo da região.

§ 3º (Revogado pela Lei nº 7.033, de 5.10.1982)

§ 4º O depósito recursal será feito em conta vinculada ao juízo e corrigido com os mesmos índices da poupança.

§ 5º (Revogado).

§ 6º Quando o valor da condenação, ou o arbitrado para fins de custas, exceder o limite de 10 (dez) vezes o salário-mínimo da região, o depósito para fins de recursos será limitado a este valor.

§ 7º No ato de interposição do agravo de instrumento, o depósito recursal corresponderá a 50% (cinquenta por cento) do valor do depósito do recurso ao qual se pretende destrancar.

§ 8º Quando o agravo de instrumento tem a finalidade de destrancar recurso de revista que se insurge contra decisão que contraria a jurisprudência uniforme do Tribunal Superior do Trabalho, consubstanciada nas suas súmulas ou em orientação jurisprudencial, não haverá obrigatoriedade de se efetuar o depósito referido no § 7º deste artigo.

§ 9º O valor do depósito recursal será reduzido pela metade para entidades sem fins lucrativos, empregadores domésticos, microempreendedores individuais, microempresas e empresas de pequeno porte.

§ 10. São isentos do depósito recursal os beneficiários da justiça gratuita, as entidades filantrópicas e as empresas em recuperação judicial.

§ 11. O depósito recursal poderá ser substituído por fiança bancária ou seguro garantia judicial. (Brasil, 1943)

O depósito recursal é pressuposto específico para o recurso ordinário, o recurso de revista, o recurso de embargos de divergência, o agravo de instrumento e o recurso extraordinário especificamente contra decisão condenatória de pagar. Ademais, importante mencionar a Lei n. 8.542/1992, que dispõe sobre os valores do depósito recursal de que trata o art. 899 da CLT.

- **Inexistência de fato extintivo ou impeditivo do direito de recorrer** – Os arts. 998, 999 e 1.000 do CPC disciplinam a desistência do recurso por uma das partes em qualquer tempo do processo. A renúncia do direito prevista no art. 999 do CPC e a concordância tácita disposta no art. 1.000 do CPC podem ser consideradas fatos extintivos do direito de recorrer. Já a desistência prevista no art. 998 do CPC pode ser caracterizada como fato impeditivo do direito de recorrer (Leite, 2019).

Importante ressaltar que, na renúncia do direito, a parte que supostamente iria recorrer expressa sua vontade de não recorrer antes de interpor o recurso. Na desistência, o recurso já foi interposto pela parte interessada, mas esta desistiu do recurso antes de sua apreciação pelo tribunal a que foi destinado.

Por fim, quando houver a desistência da interposição do recurso, que deve ser sempre expressa, não pode o tribunal conhecer e julgar o recurso da parte desistente.

Capítulo 10

Recursos em espécie

No capítulo anterior, mencionamos conceitos e generalidades necessários para a interposição do recurso adequado sobre determinada decisão judicial. Neste capítulo, trataremos sobre cada um dos recursos utilizados na Justiça do Trabalho, em especial os embargos, o recurso ordinário, o recurso de revista e o agravo, previstos, respectivamente, nos arts. 894, 895, 896 e 897 da Consolidação das Leis do Trabalho (CLT) – aprovada pelo Decreto-Lei n. 5.452, de 1º de maio de 1943 (Brasil, 1943).

— 10.1 —
Recurso ordinário

O recurso ordinário (RO), previsto no art. 895 da CLT, é o mais comum interposto na Justiça do Trabalho. A CLT estabelece que cabe RO nas seguintes ocasiões:

> Art. 895. Cabe recurso ordinário para a instância superior:
>
> I – das decisões definitivas ou terminativas das Varas e Juízos, no prazo de 8 (oito) dias; e
>
> II – das decisões definitivas ou terminativas dos Tribunais Regionais, em processos de sua competência originária, no prazo de 8 (oito) dias, quer nos dissídios individuais, quer nos dissídios coletivos. (Brasil, 1943)

O prazo para a interposição desse recurso é de 8 dias, contados da data em que a parte for intimada da sentença, pois um de seus objetivos é impugnar uma sentença do juízo *a quo*.

Contudo, o RO não tem apenas a finalidade de impugnar sentenças de primeiro grau, mas também de impugnar acórdãos dos Tribunais Regionais do Trabalho (TRTs) nos processos que são de sua competência, nos termos do inciso II do artigo ora transcrito.

O RO deve ser interposto de forma expressa. A petição para o recurso deve ser dirigida ao juízo que proferiu a sentença, observando-se os pressupostos processuais intrínsecos e extrínsecos que analisamos anteriormente.

Quando o recurso for recebido pelo juízo que prolatou a sentença, este fará um exame de admissibilidade e, caso seja admitido, será aberto prazo para parte contrária apresentar contrarrazões, pelo mesmo prazo para a interposição do recurso, de 8 dias. Após o trâmite no juízo que prolatou a sentença, este remeterá o recurso ao órgão competente para a respectiva análise, o qual é denominado *juízo ad quem*. Após recebido pelo juízo *ad quem*, o tribunal fará uma nova análise de admissibilidade, para, então, ser encaminhado para uma Câmara, que fará o julgamento e proferirá o *acordão* – denominação para a decisão decorrente do tribunal que julgou o RO (Sales, 2020).

Ainda no que diz respeito ao procedimento, vejamos a explicação de Bezerra Leite (2019, p. 1.119):

> Na ordem do julgamento, primeiro são analisadas as questões relativas ao conhecimento do recurso, ou seja, os pressupostos de sua admissibilidade. Se conhecido o recurso, segue-se ao exame das questões preliminares ou prejudiciais, antes

do exame de mérito (matéria de fundo), deste não se conhecendo se incompatível com a decisão adotada, quanto àquelas. Tratando-se de questões preliminares que importem nulidade sanável, o julgamento pode ser convertido em diligência, caso em que a parte interessada poderá sanar o vício, no prazo assinalado.

Em regra, o efeito do RO é o devolutivo, que, como já analisamos em momento oportuno, permite que seja iniciada a execução provisória do julgado e o juiz não precise declarar expressamente os efeitos que recebe o recurso, pois o art. 899 da CLT já estabelece que assim será.

Os pressupostos de admissibilidade devem ser observados na hora de interpor o recurso. O RO está sujeito ao pagamento de custas para a parte que não seja beneficiária de justiça gratuita. Além do pagamento de custas, se a sentença condenou o empregador a pagar dada quantia, a esta é acrescido o recolhimento do depósito recursal, conforme já explicado no tópico dos pressupostos extrínsecos. O pagamento deve ocorrer no prazo de 8 dias.

— 10.2 —
Embargos de declaração

Os embargos de declaração estão previstos no art. 897-A da CLT com aplicação subsidiária do Código de Processo Civil (CPC) – Lei n. 13.105, de 16 de março de 2015 (Brasil, 2015) –, do art. 1.022 até o art. 1.026. No entanto, nem todos os dispositivos que o CPC aborda sobre os embargos de declaração são compatíveis com o processo do trabalho. Dessa forma, passamos à análise dos dispositivos, primeiramente do CPC:

> Art. 1.022. Cabem embargos de declaração contra qualquer decisão judicial para:
>
> I – esclarecer obscuridade ou eliminar contradição;
>
> II – suprir omissão de ponto ou questão sobre o qual devia se pronunciar o juiz de ofício ou a requerimento;
>
> III – corrigir erro material.
>
> Parágrafo único. Considera-se omissa a decisão que:
>
> I – deixe de se manifestar sobre tese firmada em julgamento de casos repetitivos ou em incidente de assunção de competência aplicável ao caso sob julgamento;
>
> II – incorra em qualquer das condutas descritas no art. 489, § 1º. (Brasil, 2015)

Por sua vez, a CLT assim dispõe:

> Art. 897-A Caberão embargos de declaração da sentença ou acórdão, no prazo de cinco dias, devendo seu julgamento ocorrer na primeira audiência ou sessão subsequente a sua apresentação, registrado na certidão, admitido efeito modificativo da decisão nos casos de omissão e contradição no julgado e manifesto equívoco no exame dos pressupostos extrínsecos do recurso. (Brasil, 1943)

Os embargos de declaração estão exclusivamente previstos para sanar obscuridade, omissão ou corrigir erro material de decisão judicial. Jorge Neto e Cavalcante (2007, p. 267) esclarecem esse tipo recursal: "A essência dos embargos de declaratórios é adequar a decisão à realidade dos autos. O fim específico deste instituto é propiciar às partes, junto ao órgão jurisdicional, uma declaração com o objetivo de elucidar obscuridade, contradição ou omissão".

Os embargos de declaração são opostos perante o próprio juízo que proferiu a decisão que apresentou a omissão, a obscuridade ou a contradição, no prazo de 5 dias contados da intimação da sentença ou do acórdão, e não estão sujeitos ao preparo, nos termos do art. 1.023 do CPC, que se aplica ao processo do trabalho.

Com relação à omissão, à obscuridade, à contradição e ao erro material, Bezerra Leite (2019, p. 1.238) explica que se "considera omissa a decisão que deixa de observar as exigências de fundamentação exaustiva imposta pelo extenso rol do § 1º do art. 489 do CPC". Frisamos que o art. 489 já foi citado no tópico sobre sentença, que versa sobre os elementos essenciais da sentença.

A obscuridade e a contradição estão relacionadas com a falta de clareza da decisão proferida. Quando ocorre, a obscuridade impede ou dificulta a compreensão da sentença, o que pode gerar atraso no seguimento do feito. A contradição verifica-se quando mais pontos da sentença estão em incompatibilidade um com o outro, o que, consequentemente, gera falta de clareza de entendimento (Leite, 2019).

Já quanto ao erro material, o parágrafo 1º do art. 897-A da CLT dispõe que "os erros materiais poderão ser corrigidos de ofício ou a requerimento de qualquer das partes" (Brasil, 1943). Há a possibilidade da correção do erro material, de ofício, tanto em sentença quanto em acórdão. Contudo, quando isso não ocorre, admite-se que se faça mediante oposição de embargos (Leite, 2019).

Nos termos do art. 897-A da CLT, os embargos admitem o efeito modificativo, que visam, principalmente, reformar a decisão preferida, apesar de ser admitida a manifestação da parte contrária com relação aos embargos no prazo de 5 dias. Ademais, os embargos também têm efeito interruptivo para a interposição de recurso, nos termos do art. 1.026 do CPC.

— 10.3 —
Recurso de embargos no TST

Com relação ao cabimento de embargos, a Lei n. 13.015/2014 deu nova redação ao art. 894, inciso II, da CLT:

> Art. 894. No Tribunal Superior do Trabalho cabem embargos, no prazo de 8 (oito) dias:
>
> I – de decisão não unânime de julgamento que:

a) conciliar, julgar ou homologar conciliação em dissídios coletivos que excedam a competência territorial dos Tribunais Regionais do Trabalho e estender ou rever as sentenças normativas do Tribunal Superior do Trabalho, nos casos previstos em lei; e

b) (VETADO)

II – das decisões das Turmas que divergirem entre si ou das decisões proferidas pela Seção de Dissídios Individuais, ou contrárias a súmula ou orientação jurisprudencial do Tribunal Superior do Trabalho ou súmula vinculante do Supremo Tribunal Federal. (Brasil, 1943)

A doutrina processual trabalhista explica que os embargos no TST são de dois tipos: os embargos infringentes e os embargos de divergência.

— 10.3.1 —
Embargos infringentes

O inciso I do art. 894 da CLT remete aos embargos infringentes, que são aqueles cabíveis para impugnar decisões não unânimes em dissídio coletivo, as quais são de competência originária do Tribunal Superior do Trabalho (TST).

O Regimento Interno do TST (RITST) também disciplina o cabimento dos embargos infringentes, nos termos do art. 262: "Das decisões unanimes proferidas pela Seção Especializada em Dissídios Coletivos, no prazo de 8 (oito) dias úteis, contados da publicação do acórdão no Órgão Oficial, nos processos de Dissídios Coletivos de competência originária do Tribunal" (TST, 2017).

Já o art. 77 do RITST dispõe sobre a competência de julgamento dos embargos infringentes, que é da Seção Especializada em Dissídios Coletivos:

> Art. 77. À Seção Especializada em Dissídios Coletivos compete: [...]
>
> II – em última instância, julgar: [...]
>
> c) os embargos infringentes interpostos contra decisão não unânime proferida em processo de dissídio coletivo de sua competência originária, salvo se a decisão embargada estiver em consonância com precedente normativo do Tribunal Superior do Trabalho ou com súmula de sua jurisprudência predominante; [...]. (TST, 2017)

Os arts. 262 a 264 do RITST estabelecem o procedimento dos embargos infringentes, em específico o art. 263:

> Art. 263. Registrado o protocolo na petição a ser encaminhada à Secretaria do órgão julgador competente, esta juntará o recurso aos autos respectivos e abrirá vista à parte contrária, para impugnação, no prazo legal. Transcorrido o prazo, o processo será remetido à unidade competente, para ser imediatamente distribuído. (TST, 2017)

Caso não sejam atendidas as exigências legais com relação ao cabimento desse recurso, será negado seguimento e dessa decisão caberá agravo interno, nos termos do art. 264 do RITST.

— 10.3.2 —
Embargos de divergência

Outra espécie de embargos admitida pela TST é o de divergência, que têm previsão no inciso II do art. 894 da CLT. Explica Bezerra Leite (2019, p. 1.185) sobre os embargos de divergência:

> A finalidade dos embargos de divergência, também chamados de embargos à SDI, é uniformizar a divergência interna na interpretação de lei federal ou da Constituição Federal no âmbito do próprio TST, o que pode ocorrer entre os acórdãos divergentes entre Turmas ou entre Turmas e a SDI (súmula ou OJ) ou entre SBDI-1 e SBDI-2.

Como podemos constatar, os embargos infringentes estão relacionados à impugnação de decisões não unânimes em dissídio coletivo, ao passo que os embargos de divergência estão relacionados à impugnação de divergências de dissídios individuais, conforme disposto no art. 78 do RITST:

> Art. 78. À Seção Especializada em Dissídios Individuais, em composição plena ou dividida em duas Subseções, compete:

I – em composição plena:

a) julgar, em caráter de urgência e com preferência na pauta, os processos nos quais tenha sido estabelecida, na votação, divergência entre as Subseções I e II da Seção Especializada em Dissídios Individuais, quanto à aplicação de dispositivo de lei federal ou da Constituição da República; [...]

II – à Subseção I:

a) julgar os embargos interpostos contra decisões divergentes das Turmas, ou destas que divirjam de decisão da Seção de Dissídios Individuais, de súmula ou de orientação jurisprudencial; [...]. (TST, 2017)

O prazo para a interposição dos embargos de divergência é de 8 dias, nos termos do art. 258 do RITST. Com relação à competência para julgamento, o art. 298 do RITST explica:

> Art. 298. Quando o julgamento dos embargos à Subseção I da Seção Especializada em Dissídios Individuais envolver relevante questão de direito, com grande repercussão social, sem repetição em múltiplos processos, mas a respeito da qual seja conveniente a prevenção ou a composição de divergência entre as turmas ou os demais órgãos fracionários do Tribunal Superior do Trabalho, poderá a Subseção I da Seção Especializada em Dissídios Individuais, por iniciativa de um de seus membros e após a aprovação da maioria de seus integrantes, afetar o seu julgamento ao Tribunal Pleno. (TST, 2017)

Esses são os embargos que tramitam no TST e que, além de contarem com a previsão dos fundamentos para interposição na CLT, estão regulamentados pelo RITST.

— 10.4 —
Agravo de instrumento

O agravo de instrumento, no processo do trabalho, é utilizado da mesma forma que no processo civil. O art. 897, alínea "b", da CLT menciona que cabe agravo de instrumento, no prazo de 8 dias, dos despachos que denegarem a interposição de recursos. Portanto, quando houver negativa à interposição de recurso ordinário, de revista, extraordinário, recurso adesivo, agravo de petição e decisões que denegarem interposição do próprio agravo de instrumento, o recurso a ser interposto é o agravo de instrumento (Leite, 2019).

O art. 261 do RITST exclui a possibilidade de interposição do agravo de instrumento de decisões que negarem prosseguimento de embargos no TST, pois o recurso adequado, nesse caso, será o agravo interno.

Sérgio Pinto Martins (2018, p. 449) esclarece o tema: "O agravo de instrumento tem esse nome porque não vai para o tribunal com os próprios autos da decisão impugnada, mas há a necessidade de formação de autos em apartado, de modo a não interromper o andamento do processo, daí sendo feito o instrumento para esse fim".

O efeito que o agravo de instrumento abrange é apenas o efeito devolutivo, ou seja, "a matéria que será analisada pelo juízo *ad quem* limita-se aos aspectos da validade ou não da decisão denegatória de recurso" (Leite, 2019, p. 1.213).

Para a interposição do recurso de agravo de instrumento, é necessário o depósito recursal, que foi instituído pela Lei n. 12.275/2010. Por força dessa lei, foi acrescido o parágrafo 7º ao art. 899 da CLT, que dispõe: "No ato de interposição do agravo de instrumento, o depósito recursal corresponderá a 50% (cinquenta por cento) do valor do depósito do recurso ao qual se pretende destrancar" (Brasil, 1943).

Para o processamento desse recurso, as partes precisam remeter a petição de agravo juntamente às peças necessárias para a análise da decisão que negou o seguimento do recurso a ser interposto. Logo, se faltar alguma das peças obrigatórias para a interposição do agravo, bem como o recolhimento do depósito recursal mencionado no parágrafo 7º do art. 899 da CLT, o agravo não será conhecido. Para fins de conhecimento, as peças obrigatórias são: "da decisão agravada, da certidão da respectiva intimação, das procurações outorgadas aos advogados do agravante e do agravado, da petição inicial, da contestação, da decisão originária", além do comprovante do depósito recursal, conforme já mencionado (Leite, 2019, p. 1.220).

10.5
Agravo de petição

Esse recurso é específico para impugnar decisões proferidas, em especial, na fase de execução, encontrando previsão no art. 897, alínea "a", da CLT: "cabe agravo, no prazo de oito dias: a) de petição, das decisões do Juiz ou Presidente, nas execuções" (Brasil, 1943). Martins Filho (2008, p. 303) explica que "O agravo de petição é o recurso próprio da fase de executória, para impugnar as decisões não meramente interlocutórias do Juiz do Trabalho que conduz a execução, levando a matéria ao reexame do Tribunal Regional do Trabalho".

Por força do art. 899 da CLT, o agravo de petição tem efeito devolutivo e é interposto perante o juízo que prolatou a decisão, que fará o primeiro juízo de admissibilidade. No que se refere ao preparo, há a necessidade de depósito recursal no caso de agravo em recurso ordinário, nos termos do art. 40 da Lei n. 8.177/1991, que versa sobre regras para a desindexação da economia. Após a análise de admissibilidade e não houver juízo de retratação, o agravo será remetido ao TRT competente, que irá se manifestar sobre a decisão relativa à execução em andamento (Leite, 2019).

10.6
Agravo regimental

Esse recurso está previsto no art. 709, parágrafo 1º, da CLT: "Das decisões proferidas pelo Corregedor, nos casos do artigo, caberá o agravo regimental, para o Tribunal Pleno" (Brasil, 1943).

O agravo regimental "é o recurso previsto nos regimentos internos dos tribunais" e tem cabimento diante de "decisões proferidas pelo Ministro Corregedor-Geral da Justiça do Trabalho que são agraváveis regimentalmente" (Leite, 2019, p. 1.225). O agravo regimental está destinado a atacar decisões monocráticas dos tribunais que são proferidas pelo relator de determinado recurso e, em regra, seu processamento está disposto no regimento interno de cada tribunal (Sales, 2020).

O efeito da interposição do agravo regimental é devolutivo, e o prazo para interposição é de 8 dias no TST e, em alguns TRTs, de 5 dias. Não há menção sobre o preparo recursal (Leite, 2019).

10.7
Agravo interno

O CPC é também aplicável ao processo do trabalho no que concerne ao agravo interno: "Art. 1.021. Contra decisão proferida pelo relator caberá agravo interno para o respectivo órgão colegiado, observadas, quanto ao processamento, as regras do regimento interno do tribunal" (Brasil, 2015).

Esse recurso tem por finalidade "impugnar decisões monocráticas proferidas em sede de recurso pelos relatores nos tribunais" (Leite, 2019, p. 1.229). "A petição do agravo interno é dirigida ao relator e a competência para julgá-lo é do órgão colegiado (Turma, SBDI-1 ou Tribunal Pleno, conforme previsão no regimento interno)" (Leite, 2019, p. 1.231). O prazo para a interposição do agravo interno é de 8 dias, nos termos do art. 894, parágrafo 4º, e do art. 896, parágrafo 12, ambos da CLT.

— 10.8 —
Recurso de revista

O recurso de revista (RR) é aquele que será julgado pelo TST e, além dos pressupostos de admissibilidade já estudados, requer mais alguns pontos que devem ser observados para que seja recebido e apreciado.

Vejamos a explanação de Carlos Henrique Bezerra Leite (2019, p. 1.123):

> o recurso de revista é uma modalidade recursal que objetiva corrigir a decisão que violar a literalidade da lei ou da Constituição Federal e a uniformizar a jurisprudência nacional concernente à aplicação dos princípios e regras de direito objetivo (direito do trabalho, direito processual do trabalho, direito constitucional, direito civil, direito processual civil etc.) que guardem alguma vinculação com a atividade da Justiça do Trabalho.

A CLT regulamenta o RR em seu art. 896. Leia-se:

> Art. 896. Cabe Recurso de Revista para Turma do Tribunal Superior do Trabalho das decisões proferidas em grau de recurso ordinário, em dissídio individual, pelos Tribunais Regionais do Trabalho, quando:
>
> a) derem ao mesmo dispositivo de lei federal interpretação diversa da que lhe houver dado outro Tribunal Regional do Trabalho, no seu Pleno ou Turma, ou a Seção de Dissídios Individuais do Tribunal Superior do Trabalho, ou contrariarem súmula de jurisprudência uniforme dessa Corte ou súmula vinculante do Supremo Tribunal Federal;
>
> b) derem ao mesmo dispositivo de lei estadual, Convenção Coletiva de Trabalho, Acordo Coletivo, sentença normativa ou regulamento empresarial de observância obrigatória em área territorial que exceda a jurisdição do Tribunal Regional prolator da decisão recorrida, interpretação divergente, na forma da alínea a;
>
> c) proferidas com violação literal de disposição de lei federal ou afronta direta e literal à Constituição Federal. (Brasil, 1943)

Além dos pressupostos de conhecimento intrínsecos e extrínsecos, o RR exige pressupostos específicos. Antes de adentrar os pressupostos específicos, atentaremos para alguns detalhes dos pressupostos genéricos aplicáveis a esse recurso.

Com relação ao pressuposto preparo, para o RR, o valor das custas pode ser diferenciado, decorrente do resultado do julgamento do RO nos dissídios individuais (Leite, 2019). Com relação à capacidade postulatória, para a interposição de RR, não se permite o *jus porstulandi*, em razão da complexidade técnica que esse recurso exige, conforme prevê a Súmula n. 425 do TST (2021), já abordada no capítulo dos pressupostos recursais.

— 10.8.1 —
Pressupostos específicos

Os pressupostos específicos do RR devem ser observados para que esse recurso possa ser conhecido perante o TST. Vejamos a seguir.

- **Necessidade de decisão proferida em grau de recurso ordinário em dissídios individuais** – Esse primeiro pressuposto encontra respaldo no *caput* do art. 896 da CLT e visa reformar as decisões de RO em dissídios coletivos, o que não permite que decisões de outros recursos, como é o caso de agravo ou de embargos, sejam levadas até ao TST, pois isso poderia sobrecarregar o tribunal superior, fazendo com que a celeridade, adotada como um princípio no processo do trabalho, não fosse mais aplicável. Por força do parágrafo 2º do art. 896 da CLT, que prevê que, "das decisões proferidas pelos Tribunais Regionais do Trabalho ou por suas Turmas, em execução de sentença, inclusive em processo incidente de embargos de terceiro, não caberá Recurso de Revista, salvo na hipótese de ofensa direta e literal de norma da Constituição

Federal" (Brasil, 1943), o RR será cabível também na fase de execução, porém apenas na hipótese em que ocorra violação direta à Constituição Federal (CF) de 1988.

- **Prequestionamento** – Esse pressuposto está vinculado à Súmula n. 356 do Supremo Tribunal Federal (STF), que determina: "O ponto omisso da decisão, sobre o qual não foram opostos embargos declaratórios, não pode ser objeto de recurso extraordinário, por faltar o requisito do prequestionamento" (STF, 2021). Tal dispositivo aplica-se ao RR porque este é considerado um recurso extraordinário, já que é remetido à instância superior de hierarquia da Justiça do Trabalho. Na Justiça do Trabalho, a Súmula n. 297 do TST assim estabelece: "diz-se prequestionada a matéria ou questão quando na decisão impugnada haja sido adotada, explicitamente, tese a respeito" (TST, 2021). Nesse contexto, Bezerra Leite (2019, p. 1.128) expõe:

> Assim, a admissibilidade da revista pressupõe que a decisão recorrida tenha se pronunciado explicitamente sobre a matéria veiculada no recurso, ainda que se trate de violação frontal e direta à norma da Constituição Federal. Não vale, pois, o pronunciamento implícito. Mas não é preciso que a decisão reproduza *ipsis litteris* o dispositivo de lei que o recorrente alega ter sido violado. O importante é que a tese explícita sobre a matéria questionada faça parte de fundamentação do julgado.

Portanto, o prequestionamento é um dos requisitos específicos para o conhecimento do recurso e, conforme a Orientação Jurisprudencial (OJ) n. 256, da Subseção I Especializada em Dissídios Individuais (SBDI-I) do TST, diante de "prequestionamento de que trata a Súmula 297, há necessidade de que haja, no acórdão, de maneira clara, elementos que levem à conclusão de que o Regional adotou uma tese contrária à lei ou à súmula" (TST, 2002). Caso não seja observado o prequestionamento, o recurso não será conhecido, nos termos do parágrafo 1º-A do inciso I do art. 896 da CLT: "Sob pena de não conhecimento, é ônus da parte: I – indicar o trecho da decisão recorrida que consubstancia o prequestionamento da controvérsia objeto do recurso de revista" (Brasil, 1943).

- **Necessidade de impugnar todos os fundamentos do acórdão recorrido** – Esse pressuposto requer que, se o acórdão recorrido tiver mais que um fundamento relacionado a mesma matéria, pedido ou questão, o recorrente impugne todos os fundamentos, sob pena de o recurso não ser conhecido, nos termos da Súmula n. 23 do TST: "Não se conhece de recurso de revista ou de embargos, se a decisão recorrida resolver determinado item do pedido por diversos fundamentos e a jurisprudência transcrita não abranger a todos" (TST, 2021).
- **Reexame de fatos e provas** – É inviável apreciar ou reapreciar os fatos e as provas processuais em análise de recurso extraordinário.

- **Transcendência** – Esse pressuposto decorre do art. 896-A da CLT e está ligado aos reflexos de natureza econômica, política, social ou jurídica que o RR apresenta:

> Art. 896-A. O Tribunal Superior do Trabalho, no recurso de revista, examinará previamente se a causa oferece transcendência com relação aos reflexos gerais de natureza econômica, política, social ou jurídica.
>
> § 1º São indicadores de transcendência, entre outros:
>
> I – econômica, o elevado valor da causa;
>
> II – política, o desrespeito da instância recorrida à jurisprudência sumulada do Tribunal Superior do Trabalho ou do Supremo Tribunal Federal;
>
> III – social, a postulação, por reclamante-recorrente, de direito social constitucionalmente assegurado;
>
> IV – jurídica, a existência de questão nova em torno da interpretação da legislação trabalhista. (Brasil, 1943)

Caso não seja observada a transcendência pela parte recorrente, pode o relator, monocraticamente, não reconhecer o RR, cabendo agravo da decisão ao colegiado, nos termos do art. 896-A, parágrafo 2º, da CLT.

O **prazo** para o RR é de 8 dias, devendo ser feito mediante petição fundamentada e que preencha todos os pressupostos recursais gerais e específicos, o que deve ser feito por meio de advogado, visto que não há a possibilidade do *jus postulandi* para o RR.

Quem analisa os pressupostos de admissibilidade é o presidente do TRT em que foi proferido o acordão do RR. Caso o recurso não seja admitido, a parte poderá interpor agravo de tal decisão (Leite, 2019).

— 10.8.2 —
Incidente de recursos de revista repetitivos

O julgamento dos RR repetitivos encontra fundamento tanto na CLT quanto no CPC, que o processo do trabalho adota como legislação subsidiária para suprir questões de que a legislação trabalhista não trata. Dessa forma, "sempre que houver uma multiplicidade de recursos de revista com o mesmo fundamento em questão de direito, o julgamento obedecerá ao procedimento disposto nos arts. 1.036 a 1041 do CPC/2015, observando-se o regimento interno do TST" (Sales, 2020, p. 348).

A CLT, no art. 896-B, assim dispõe: "Aplicam-se ao recurso de revista, no que couber, as normas da Lei no 5.869, de 11 de janeiro de 1973 (Código de Processo Civil), relativas ao julgamento dos recursos extraordinário e especial repetitivos" (Brasil, 1943). Já o art. 1.036 do CPC estabelece:

> Art. 1.036. Sempre que houver multiplicidade de recursos extraordinários ou especiais com fundamento em idêntica questão de direito, haverá afetação para julgamento de acordo com as disposições desta Subseção, observado o disposto no Regimento Interno do Supremo Tribunal Federal e no do Superior Tribunal de Justiça. (Brasil, 2015)

Com relação ao cabimento do incidente repetitivo, o art. 896-C da CLT disciplina:

> Art. 896-C. Quando houver multiplicidade de recursos de revista fundados em idêntica questão de direito, a questão poderá ser afetada à Seção Especializada em Dissídios Individuais ou ao Tribunal Pleno, por decisão da maioria simples de seus membros, mediante requerimento de um dos Ministros que compõem a Seção Especializada, considerando a relevância da matéria ou a existência de entendimentos divergentes entre os Ministros dessa Seção ou das Turmas do Tribunal. (Brasil, 1943)

Ademais, no que diz respeito ao procedimento do incidente, Sales (2020, p. 349) esclarece:

> Ocorrendo a hipótese de múltiplos recursos com fundamentos em idêntica questão de direito, o Presidente ou o Vice-presidente do Tribunal de origem selecionará dois ou mais recursos que sirvam de paradigma, ou seja, que bem representem a controvérsia e possam dar um panorama geral da matéria debatida, determinando a suspensão de todos os processos pendentes que tratam da mesma matéria, sejam eles individuais ou coletivos, em trâmite na respectiva região.

No que concerne aos efeitos do RR, o parágrafo 1º do art. 896 da CLT indica que o efeito é devolutivo.

— 10.9 —
Recurso extraordinário

Recurso extraordinário é aquele que será julgado pelo STF, de acordo com suas competências descritas no art. 102 da CF de 1988. A previsão para esse recurso no processo do trabalho está disposta no art. 893, parágrafo 2º, da CLT. No entanto, "não cabe recurso extraordinário das decisões dos TRTs, pois estas não são de última ou única instância" (Leite, 2019, p. 1.256).

O recurso extraordinário caberá apenas em decisões de última ou única instância do TST e em situações excepcionais no processo do trabalho, como diante de decisões que violarem direta e literalmente a Constituição; que declarem inconstitucional lei federal ou tratado internacional; que julgarem válida lei ou ato do governo estadual em frente a Constituição; ou que julgarem válida lei local contestada em face a lei federal, nos termos do art. 102, inciso III, alíneas "a", "b", "c", "d", da CF de 1988.

Quanto aos pressupostos de admissibilidade, devem ser observados aqueles genéricos intrínsecos e extrínsecos já especificados em tópico próprio, porém, a exemplo do RR, o recurso extraordinário encaminhado ao STF demanda pressupostos diferenciados, que devem ser aplicados no momento da interposição desse recurso, sob pena de indeferimento. Desde já, ressaltamos que, em razão da complexidade recursal, também não é admitido o *jus postulandi* nessa fase recursal. Assim, o recurso extraordinário encaminhado ao STF deve observar os seguintes pressupostos específicos:

- **Existência de uma causa** – Refere-se à necessidade de ter uma causa pré-existente em processamento.
- **Decisão de única ou última instância** – "É qualquer decisão, interlocutória, definitiva ou terminativa, da qual não caiba nenhum outro recurso" (Leite, 2019, p. 1.157).
- **Questão constitucional** – Decorre das competências do art. 102, inciso III, alíneas "a", "b", "c", "d", da CF de 1988 já citadas. Frisamos que a violação da norma constitucional precisa ser direta, caso contrário, não deverá ser interposto recurso no STF.

Nos recursos extraordinários, outro ponto de importância a ser considerado é a questão de pertinência da matéria suscitada no recurso, que é o prequestionamento: "Diz-se prequestionada determinada matéria quando a decisão recorrida sobre ela se manifestar explicitamente. Não vale o prequestionamento implícito" (Leite, 2019, p. 1.269).

O STF, por meio da Súmula n. 356, assim se posiciona sobre o prequestionamento: "É inadmissível o recurso extraordinário, quando não ventilada, na decisão recorrida, a questão federal suscitada" (STF, 2021). Portanto, o prequestionamento deve requisito observado para a interposição do recurso extraordinário.

O cabimento no processo do trabalho encontra fundamento no art. 324 do RITST: "Cabe recurso extraordinário das decisões do Tribunal proferidas em única ou última instância, nos termos da Constituição da República" (TST, 2017). Com relação ao procedimento que deverá ocorrer no recurso extraordinário ao TST, o recurso deverá ser interposto com petição fundamentada no prazo de 15 dias, contados da publicação do acórdão a ser recorrido. Assim que a petição de recurso for juntada aos autos, a parte contrária terá o mesmo prazo de 15 dias para apresentar contrarrazões, nos termos dos parágrafos 1º e 2º do art. 324 do RITST.

Quando findar o prazo das contrarrazões, os autos serão remetidos ao vice-presidente do tribunal para o exame de admissibilidade, conforme dispõe o art. 325 do RITST.

O efeito do recurso extraordinário é devolutivo. Contudo, poderá ocorrer o efeito suspensivo nas questões cautelares, observando-se, porém, as Súmulas n. 634 e n. 635 do STF.

— 10.10 —
Recurso adesivo

O recurso adesivo não está previsto na legislação trabalhista, porém, de forma subsidiária, o CPC dispõe sobre a matéria, que se aplica ao processo do trabalho. A Súmula n. 283 do TST passou a reconhecer que o recurso adesivo é cabível no processo do trabalho nos seguintes casos:

> RECURSO ADESIVO. PERTINÊNCIA NO PROCESSO DO TRABALHO. CORRELAÇÃO DE MATÉRIAS (mantida)
>
> O recurso adesivo é compatível com o processo do trabalho e cabe, no prazo de 8 (oito) dias, nas hipóteses de interposição de recurso ordinário, de agravo de petição, de revista e de

embargos, sendo desnecessário que a matéria nele veiculada esteja relacionada com a do recurso interposto pela parte contrária. (TST, 2021)

No CPC, o recurso adesivo tem fundamento no art. 997, e sua admissibilidade depende do atendimento dos mesmos pressupostos dos demais recursos, além da observância das seguintes peculiaridades:

> Art. 997. Cada parte interporá o recurso independentemente, no prazo e com observância das exigências legais.
>
> [...]
>
> § 2º O recurso adesivo fica subordinado ao recurso independente, sendo-lhe aplicáveis as mesmas regras deste quanto aos requisitos de admissibilidade e julgamento no tribunal, salvo disposição legal diversa, observado, ainda, o seguinte:
>
> I – será dirigido ao órgão perante o qual o recurso independente fora interposto, no prazo de que a parte dispõe para responder;
>
> II – será admissível na apelação, no recurso extraordinário e no recurso especial;
>
> III – não será conhecido, se houver desistência do recurso principal ou se for ele considerado inadmissível. (Brasil, 2015)

Em outras palavras, o recurso adesivo é uma forma secundária de interposição de um recurso que deveria ter sido interposto no prazo legal de forma independente. Contudo, ele não será conhecido quando uma das partes protocolar o recurso primário de forma regular.

Com relação ao procedimento, o Professor Bezerra Leite explica (2019, p. 1.182):

> O adesivo, no âmbito da Justiça do Trabalho, deverá ser interposto por petição (escrita ou reduzida a termo) dirigida ao juiz ou órgão prolator competente para admitir o recurso principal. Recurso adesivo direcionado ao TST, deve, obrigatoriamente, ser subscrito por advogado (TST, súmula 425), sob pena de não conhecimento, por irregularidade de representação do recorrente-aderente.

Dessa forma, o recurso adesivo deve observar as mesmas regras do recurso principal no momento de sua propositura, inclusive as regras de prazos e de efeitos.

— 10.11 —
Reclamação constitucional

Esse recurso é criado pela CF e visa preservar a competência do STF, do STJ e do TST. Seu procedimento está previsto nos arts. 988 a 993 do CPC e é aplicável subsidiariamente ao processo do trabalho.

Será cabível a reclamação constitucional nos seguintes termos do CPC:

> Art. 988. Caberá reclamação da parte interessada ou do Ministério Público para:
>
> I – preservar a competência do tribunal;
>
> II – garantir a autoridade das decisões do tribunal;
>
> III – garantir a observância de enunciado de súmula vinculante e de decisão do Supremo Tribunal Federal em controle concentrado de constitucionalidade;
>
> IV – garantir a observância de acórdão proferido em julgamento de incidente de resolução de demandas repetitivas ou de incidente de assunção de competência; [...]. (Brasil, 2015)

A reclamação poderá ser proposta em qualquer tribunal e deverá ser instruída com prova documental e dirigida ao presidente do Tribunal, conforme os parágrafos 1º e 2º do art. 988 do CPC.

Não é cabível reclamação nas seguintes hipóteses previstas pelo parágrafo 5º do art. 988 do CPC:

> Art. 988. [...]
>
> [...]
>
> § 5º É inadmissível a reclamação:
>
> I – proposta após o trânsito em julgado da decisão reclamada;
>
> II – proposta para garantir a observância de acórdão de recurso extraordinário com repercussão geral reconhecida

ou de acórdão proferido em julgamento de recursos extraordinário ou especial repetitivos, quando não esgotadas as instâncias ordinárias. (Brasil, 2015)

Se julgada procedente a reclamação constitucional, cessará a decisão do julgado ou será determinada a medida adequada para a solução da controvérsia. Ademais, o presidente do Tribunal determinará o cumprimento imediato da decisão, sendo posteriormente lavrado acórdão, conforme disposto nos art. 992 e 993 do CPC.

— 10.12 —
Pedido de revisão

O pedido de revisão é um recurso destinado a impugnar o valor da causa e está previsto na Lei n. 5.584/1970, que regulamenta o procedimento sumário. Contudo, a legislação trabalhista é omissa sobre esse recurso, e o CPC é adotado subsidiariamente para o estabelecimento das regras e dos procedimentos.

O valor da causa para o processo do trabalho é aspecto de significativa relevância, pois, com o advento da Reforma Trabalhista, há, agora, a necessidade da indicação dos valores de cada pedido, bem como é essencial para a definição do rito que terá o prosseguimento processual. Ademais, esse recurso é aplicável para aquelas causas de igual ou inferior a dois salários mínimos, ou seja, o valor do procedimento sumário.

Vejamos a explicação de Bezerra Leite (2019, p. 1.285) sobre a natureza do recurso do pedido de revisão:

> O pedido de revisão, não obstante a cizânia doutrinária a respeito, possui, a nosso sentir, natureza de recurso, já que ataca decisão tipicamente interlocutória proferida no curso do processo, constituindo, portanto, exceção ao princípio da irrecorribilidade imediata das decisões interlocutórias do processo do trabalho.

Os pressupostos de admissibilidade para esse recurso são os genéricos, intrínsecos e extrínsecos, além dos seguintes pressupostos específicos:

> a) valor da causa igual ou inferior a dois salários mínimos arbitrados pelo juiz, em função da omissão da petição inicial (Lei n. 5.584/70, art. 2º); b) impugnação, em audiência (até razões finais), por qualquer das partes, do valor arbitrado à causa; c) inexistência de retratação, pelo juiz, do valor arbitrado. (Leite, 2019, p. 1.285)

O procedimento para o pedido de revisão deverá ser protocolado com cópia da petição inicial e da ata de audiência e qualquer outro documento que a parte recorrente julgar pertinente apresentar. O prazo para a decisão monocrática será de 48 horas e seu efeito é devolutivo, uma vez que o parágrafo 2º do art. 2º da lei que regulamenta o procedimento sumário não admite o efeito suspensivo (Leite, 2019).

— 10.13 —
Correição parcial

A correição parcial não se trata especificamente de um recurso, mas sim de um procedimento de ordem disciplinar que pode substituir um recurso para impugnar ato judicial quando não houver um recurso cabível previsto em lei (Sales, 2020).

Para Sérgio Pinto Martins (2018, p. 469), "a correição parcial é o remédio processual destinado a provocar a intervenção de uma autoridade judiciária superior em face de atos tumultuários do procedimento praticados no processo por autoridade judiciária inferior".

Na CLT, a correição parcial, ou reclamação correicional, está disposta no art. 709:

> Art. 709. Compete ao Corregedor, eleito dentre os Ministros togados do Tribunal Superior do Trabalho:
>
> I – Exercer funções de inspeção e correição permanente com relação aos Tribunais Regionais e seus presidentes;
>
> II – Decidir reclamações contra os atos atentatórios da boa ordem processual praticados pelos Tribunais Regionais e seus presidentes, quando inexistir recurso específico; [...]. (Brasil, 1943)

Das decisões preferidas pelo Corregedor do Tribunal, caberá agravo regimental para o Tribunal Pleno, nos termos do parágrafo 1º do art. 709 da CLT. Para o cabimento da correição, é necessária a observância dos seguintes requisitos: "a) existência de uma decisão ou despacho, que contenha erro ou abuso, capaz de tumultuar a marcha normal do processo; b) o dano ou possibilidade de dano para a parte; c) inexistência de recurso específico para sanar o *error in procedendo*".

Ainda, é importante mencionar que a correição parcial, além de disposta na CLT, encontra-se regulamentada no regimento interno dos tribunais, logo, devem ser atendidos os pressupostos de admissibilidade de cada regimento.

Parte 4

Processo do trabalho: fase de execução

Capítulo 11

*Cumprimento de sentença
e processo de execução*

Após a fase inicial, a defesa do réu, a audiência e os recursos que estudamos até o momento, inicia-se o cumprimento de sentença. Em regra, o cumprimento de sentença ocorre quando já foram apresentados os recursos pertinentes à fase de conhecimento e não há mais a possibilidade de recurso, salvo aqueles casos em que é admitido o início do cumprimento de sentença com recurso em andamento, conforme já expusemos.

O cumprimento de sentença e a fase de execução na Justiça do Trabalho são regulamentados pela legislação trabalhista e, de forma subsidiária, adota-se o Código de Processo Civil (CPC) – Lei n. 13.105, de 16 de março de 2015 (Brasil, 2015). Antes do cumprimento da sentença, é necessário que haja a liquidação de sentença, para, então, a parte condenada ser intimada a realizar o pagamento dos valores devidos, e é esse procedimento que iremos analisar a seguir.

— 11.1 —
Liquidação de sentença

Manoel Antônio Teixeira Filho (2004, p. 328) explica liquidação de sentença como "a fase preparatória da execução, em que um ou mais atos são praticados, por uma ou por ambas as partes, com a finalidade de estabelecer o valor da condenação ou de individuar o objeto da obrigação, mediante a utilização, quando necessário, dos diversos modos de prova admitidos em lei".

Para o autor e para grande parte da doutrina do processo do trabalho, a liquidação de sentença não é um processo autônomo, mas uma preparação ou um procedimento que antecede a fase de execução.

O CPC prevê duas modalidades de liquidação de sentença em seu art. 509. Vejamos quais são elas:

> Art. 509. Quando a sentença condenar ao pagamento de quantia ilíquida, proceder-se-á à sua liquidação, a requerimento do credor ou do devedor:
>
> I – por arbitramento, quando determinado pela sentença, convencionado pelas partes ou exigido pela natureza do objeto da liquidação;
>
> II – pelo procedimento comum, quando houver necessidade de alegar e provar fato novo. (Brasil, 2015)

Por sua vez, a Consolidação das Leis do Trabalho (CLT) – aprovada pelo Decreto-Lei n. 5.452, de 1º de maio de 1943 – dispõe, no art. 879, sobre outras formas de liquidação de sentença utilizadas no processo do trabalho: "Sendo ilíquida a sentença exequenda, ordenar-se-á, previamente, a sua liquidação, que poderá ser feita por cálculo, por arbitramento ou por artigos" (Brasil, 1943).

Dessa forma, a liquidação de sentença no processo do trabalho pode ocorrer das seguintes maneiras:

- **Liquidação por cálculo** – Alguns autores entendem que os arts. 523 e 524 do CPC podem ser aplicados de forma subsidiária para a liquidação por cálculo, que é a mais utilizada no processo do trabalho. Ademais, é necessário observar a Instrução Normativa n. 27/2005 do Tribunal Superior do Trabalho (TST), assim como demais regulamentações da CLT. Com relação ao procedimento para a liquidação por cálculo, o parágrafo 1º-B do art. 879 da CLT esclarece que: "As partes deverão ser previamente intimadas para a apresentação do cálculo de liquidação, inclusive da contribuição previdenciária incidente" (Brasil, 1943). Já o parágrafo 2º do mesmo dispositivo menciona que: "Elaborada a conta e tornada líquida, o juízo deverá abrir às partes prazo comum de oito dias para impugnação fundamentada com a indicação dos itens e valores objeto da discordância, sob pena de preclusão" (Brasil, 1943). Após esse procedimento, será aberto prazo de 10 dias para a União se manifestar sobre a liquidação, nos termos do parágrafo 3º do art. 879 da CLT. Por fim, em se tratando de cálculos complexos, poderá ser nomeado perito para a elaboração dos cálculos e, sucessivamente, será observado o valor dos honorários periciais em conformidade com os princípios da razoabilidade e da proporcionalidade (art. 879, § 3º, CLT).

- **Liquidação por arbitramento** – Essa modalidade de liquidação não é regulamentada especificamente pela CLT, mas o art. 509, inciso I, do CPC é adotado subsidiariamente. Explica Bezerra Leite (2019, p. 1.351):

É preciso advertir, porém, que, não obstante tenha a sentença condenatória determinado que a liquidação deva ser feita por arbitramento, poderá o juiz, verificando a necessidade de tal procedimento, ordenar, de ofício, que a liquidação seja feita por cálculo, que é o procedimento mais simples e célere que se afina com os princípios da celeridade e economia processuais.

Ademais, o procedimento, "na liquidação por arbitramento, o juiz intimará as partes para a apresentação de pareceres ou documentos elucidativos, no prazo que fixar, e, caso não possa decidir de plano, nomeará perito, observando-se, no que couber, o procedimento da prova pericial" (Brasil, 2015), conforme o teor do art. 510 do CPC. Na Justiça do Trabalho, a liquidação por cálculos ou por arbitramento pode ser determinada *ex officio*.

- **Liquidação pelo procedimento comum** – No CPC de 1973, essa modalidade de liquidação era denominada *liquidação por arbitramento*; contudo, com a alteração do Código, passou a ser chamada de *liquidação pelo procedimento comum*. Assim dispõe o CPC no art. 511:

> Art. 511. Na liquidação pelo procedimento comum, o juiz determinará a intimação do requerido, na pessoa de seu advogado ou da sociedade de advogados a que estiver vinculado, para, querendo, apresentar contestação no prazo de 15 (quinze) dias, observando-se, a seguir, no que couber, o disposto no Livro I da Parte Especial deste Código. (Brasil, 2015)

No processo do trabalho, por força do art. 879 da CLT, a doutrina entende que "a liquidação por procedimento comum depende da iniciativa da parte, mediante petição escrita" (Leite, 2019, p. 1353). Após o requerimento da parte, o devedor será intimado, por meio de seu advogado, para a apresentação da contestação ao cálculo, no prazo de 15 dias, seguindo as regras cabíveis ao procedimento (Sales, 2020).

— 11.1.1 —
Impugnação de sentença de liquidação

O art. 884 da CLT regulamenta os embargos à execução e sua impugnação em relação à liquidação de sentença. Esse artigo determina que, quando ocorrer a sentença, a parte que será executada terá o prazo de 5 dias para apresentar embargos, e o mesmo prazo a parte contrária terá para apresentar impugnação aos embargos apresentados.

Da decisão da sentença de liquidação, para parte da doutrina, não cabe, em regra, nenhum recurso, visto que as partes tiveram oportunidade de recorrer dos pontos materiais que achavam pertinente antes do início do cumprimento da sentença. Contudo, após a apresentação de cálculos e o início da execução, as partes podem recorrer sobre a sentença de liquidação por meio de embargos, como explica o parágrafo 3º do art. 884 da CLT: "Somente nos embargos à penhora poderá o executado impugnar a sentença de liquidação, cabendo ao exequente igual direito no mesmo prazo" (Brasil, 1943).

Os embargos e a impugnação apresentada em relação à liquidação serão julgados na mesma sentença, nos termos do parágrafo 4º do art. 884 da CLT.

— 11.2 —
Princípios que fundamentam a fase de execução

Após toda a fase de liquidação de sentença e a oportunidade de apresentar embargos e impugnações pelas partes, passamos à fase de execução ou cumprimento de sentença. Em regra, no processo do trabalho, a execução ocorre nos mesmos autos da ação principal, apesar de ser denominado *processo de execução*.

Antes de adentrarmos mais profundamente na execução de sentença, observemos alguns princípios que fundamentam essa fase. Lembramos que os princípios gerais do direito do trabalho e do direito processual do trabalho são igualmente aplicáveis na fase de execução.

- **Princípio da limitação expropriatória** – A execução deve limitar-se ao patrimônio daquele que deve de forma suficiente para satisfazer o credor, pois a finalidade desse princípio, como explica Saraiva (2012, p. 852), "é impedir a alienação total do patrimônio do devedor, quando parte dos bens for o bastante para atender a satisfação do direito do credor".
- **Princípio da responsabilidade pelas despesas processuais** – As despesas processuais devem ser arcadas pelo executado,

conforme o previsto no art. 789-A da CLT: "No processo de execução são devidas custas, sempre de responsabilidade do executado e pagas ao final [...]" (Brasil, 1943).

- **Princípio do não aviltamento do devedor** – O *não aviltamento* significa "não rebaixar ou humilhar" o devedor. Por essa razão, o art. 833 do CPC impõe alguns requisitos indispensáveis para a subsistência do devedor e para sua família, que são os denominados *bens impenhoráveis*. Logo, no momento da execução, a lista de bens impenhoráveis apresentada pelo CPC deve ser observada e, caso ocorra a penhora sobre esses bens, esta será passível de impugnação.

Contudo, esclarecemos que, na Justiça do Trabalho, em regra, o credor é a parte hipervulnerável da relação processual, visto que diversos direitos seus foram violados na relação de trabalho e, por vezes, a hipervulnerabilidade é considerada para fins de execução e de penhora.

— 11.3 —
Modalidades de execução

Com relação ao início da execução trabalhista, o art. 876 da CLT assim dispõe:

> Art. 876. As decisões passadas em julgado ou das quais não tenha havido recurso com efeito suspensivo; os acordos, quando não cumpridos; os termos de ajuste de conduta

firmados perante o Ministério Público do Trabalho e os termos de conciliação firmados perante as Comissões de Conciliação Prévia serão executada pela forma estabelecida neste Capítulo.

Parágrafo único. A Justiça do Trabalho executará, de ofício, as contribuições sociais previstas na alínea a do inciso I e no inciso II do *caput* do art. 195 da Constituição Federal, e seus acréscimos legais, relativas ao objeto da condenação constante das sentenças que proferir e dos acordos que homologar. (Brasil, 1943)

O art. 515 do CPC apresenta os **títulos executivos judiciais**, vejamos:

> Art. 515. São títulos executivos judiciais, cujo cumprimento dar-se-á de acordo com os artigos previstos neste Título:
>
> I – as decisões proferidas no processo civil que reconheçam a exigibilidade de obrigação de pagar quantia, de fazer, de não fazer ou de entregar coisa;
>
> II – a decisão homologatória de autocomposição judicial;
>
> III – a decisão homologatória de autocomposição extrajudicial de qualquer natureza;
>
> IV – o formal e a certidão de partilha, exclusivamente em relação ao inventariante, aos herdeiros e aos sucessores a título singular ou universal;
>
> V – o crédito de auxiliar da justiça, quando as custas, emolumentos ou honorários tiverem sido aprovados por decisão judicial;

VI – a sentença penal condenatória transitada em julgado;

VII – a sentença arbitral;

VIII – a sentença estrangeira homologada pelo Superior Tribunal de Justiça;

IX – a decisão interlocutória estrangeira, após a concessão do exequatur à carta rogatória pelo Superior Tribunal de Justiça; [...]. (Brasil, 2015)

O CPC também dispõe sobre os **títulos executivos extrajudiciais**, nos termos do art. 784:

Art. 784. São títulos executivos extrajudiciais:

I – a letra de câmbio, a nota promissória, a duplicata, a debênture e o cheque;

II – a escritura pública ou outro documento público assinado pelo devedor;

III – o documento particular assinado pelo devedor e por 2 (duas) testemunhas;

IV – o instrumento de transação referendado pelo Ministério Público, pela Defensoria Pública, pela Advocacia Pública, pelos advogados dos transatores ou por conciliador ou mediador credenciado por tribunal;

V – o contrato garantido por hipoteca, penhor, anticrese ou outro direito real de garantia e aquele garantido por caução;

VI – o contrato de seguro de vida em caso de morte;

VII – o crédito decorrente de foro e laudêmio;

VIII – o crédito, documentalmente comprovado, decorrente de aluguel de imóvel, bem como de encargos acessórios, tais como taxas e despesas de condomínio;

IX – a certidão de dívida ativa da Fazenda Pública da União, dos Estados, do Distrito Federal e dos Municípios, correspondente aos créditos inscritos na forma da lei;

X – o crédito referente às contribuições ordinárias ou extraordinárias de condomínio edilício, previstas na respectiva convenção ou aprovadas em assembleia geral, desde que documentalmente comprovadas;

XI – a certidão expedida por serventia notarial ou de registro relativa a valores de emolumentos e demais despesas devidas pelos atos por ela praticados, fixados nas tabelas estabelecidas em lei;

XII – todos os demais títulos aos quais, por disposição expressa, a lei atribuir força executiva. (Brasil, 2015)

Ambas as modalidades de execução são aplicáveis ao processo do trabalho e, portanto, esses dois sistemas são direcionados para satisfazer o credor.

— 11.3.1 —
Títulos executivos judiciais

O sistema destinado à efetivação de títulos executivos judiciais é composto por dois subsistemas: (1) o cumprimento da sentença; e (2) o cumprimento das obrigações reconhecidas em outros títulos executivos.

O **cumprimento da sentença** ocorre de acordo com os arts. 513 a 538 do CPC. Sobre o tema, Bezerra Leite (2019, p. 1.371, grifo do original) explica que esse subsistema

> é decorrente do fato de que não mais existe um processo autônomo de execução de título judicial, e sim *uma fase*, dentro do processo de conhecimento, destinada ao *cumprimento de sentença* que reconheça a exigibilidade da obrigação de pagar, fazer, não fazer ou entregar, nos casos previstos nos incisos I e V do art. 515 do CPC.

De acordo com o CPC, o cumprimento de sentença será realizado quando houver as seguintes obrigações: pagar quantia certa; prestar alimentos; pagar quantia certa pela Fazenda Pública; fazer e não fazer; entregar coisa certa. Todas essas modalidades estão dispostas nos arts. 523 a 538 do CPC.

Por sua vez, o **cumprimento das obrigações reconhecidas em outros títulos executivos** é iniciado mediante a citação do devedor e ocorre no cumprimento da obrigação determinada nos títulos previstos nos incisos VI a IX do art. 515 do CPC, que já foi citado neste capítulo. Nos prazos previstos nesses incisos, o devedor terá o prazo de 15 dias para o cumprimento de sentença ou para liquidar os valores devidos, conforme dispõe o art. 515, parágrafo 1º, do CPC.

— 11.3.2 —
Títulos executivos extrajudiciais

No que se refere ao sistema destinado à efetivação de títulos executivos extrajudiciais, Sales (2020, p. 272) esclarece que "a função do processo de execução não é reconhecer nem declarar direitos, mas, sim, garantir a efetivação material destes, por meio de atos de invasão no patrimônio do devedor".

Essa forma de execução é realizada por meio de um processo autônomo, que já se inicia com a execução de valores existentes, os quais, em regra, decorrem de outras formas, e não de uma sentença. Esse procedimento está previsto nos arts. 771 a 777 do CPC.

Em âmbito trabalhista, ambas as modalidades de execução são utilizadas, porém com algumas peculiaridades aplicáveis ao processo do trabalho, principalmente no que concerne aos títulos extrajudiciais. Conforme já citado neste capítulo, o art. 876 da CLT apresenta duas formas de execução de títulos extrajudiciais: "os termos de ajuste de conduta firmados perante o Ministério Público do Trabalho e os termos de conciliação firmados perante as Comissões de Conciliação Prévia" (Brasil, 1943).

Explica Sales (2020) que o procedimento do processo de execução ocorre de modo muito similar ao processo de conhecimento, começando com a petição inicial acompanhada do título extrajudicial. Em seguida, o devedor será citado para realizar o pagamento no prazo de 48 horas, nos termos do art. 880, ou garantir a execução indicando bens à penhora, conforme art. 882, ambos da CLT.

— 11.4 —
Competência para a execução da sentença

A execução de sentença no processo do trabalho observa a legislação, a prática trabalhista e o CPC, conforme foi possível observar até o momento. De acordo com o art. 877 da CLT, a competência para prosseguir com a execução é do "Juiz ou Presidente do Tribunal que tiver conciliado ou julgado originariamente o dissídio" (Brasil, 1943).

Com relação aos títulos extrajudiciais, o art. 877-A da CLT dispõe que: "É competente para a execução de título executivo extrajudicial o juiz que teria competência para o processo de conhecimento relativo à matéria" (Brasil, 1943).

Após a fase de liquidação de sentença e eventuais embargos e impugnações, a execução deverá ser iniciada pelas partes no processo, podendo ocorrer o início da execução de ofício pelo juiz ou presidente do tribunal quando as partes não estiverem representadas por advogado, nos termos do art. 878 da CLT.

Dispõe o art. 880 da CLT que, após requerida a execução, será expedido mandado de citação ao executado pelo juiz ou presidente do tribunal competente para que seja cumprida a decisão ou o acordo realizado entre as partes, a fim de que apresente pagamento no prazo de 48 horas ou garanta a execução, sob pena de ocorrer a penhora.

Caso ocorra o pagamento pela parte devedora, este deve ser realizado perante o escrivão ou secretário, que lavrará termo de quitação em duas vias assinadas pelas partes, sendo uma das cópias juntada ao processo. Caso o credor não esteja presente nesse momento, a quantia será depositada mediante guia, em estabelecimento oficial de crédito ou estabelecimento bancário idôneo, conforme dispõe o art. 881 *caput* e parágrafo único da CLT.

Se não for realizado o pagamento no prazo legal nem garantida a execução, será determinada a penhora, como veremos no próximo tópico.

— 11.5 —
Penhora

A penhora aplica-se tanto na execução judicial quanto na extrajudicial, sendo adotadas as regras de execução do CPC quando a matérias não for regulamentada pela legislação trabalhista. O art. 883 da CLT assim determina:

> Art. 883. Não pagando o executado, nem garantindo a execução, seguir-se-á penhora dos bens, tantos quantos bastem ao pagamento da importância da condenação, acrescida de custas e juros de mora, sendo estes, em qualquer caso, devidos a partir da data em que for ajuizada a reclamação inicial. (Brasil, 1943)

O art. 882 da CLT faz referência ao art. 835 do CPC com relação à ordem de preferência dos bens penhoráveis. Vejamos:

> Art. 835. A penhora observará, preferencialmente, a seguinte ordem:
> I – dinheiro, em espécie ou em depósito ou aplicação em instituição financeira;
> II – títulos da dívida pública da União, dos Estados e do Distrito Federal com cotação em mercado;
> III – títulos e valores mobiliários com cotação em mercado;
> IV – veículos de via terrestre;
> V – bens imóveis;
> VI – bens móveis em geral;
> VII – semoventes;
> VIII – navios e aeronaves;
> IX – ações e quotas de sociedades simples e empresárias;
> X – percentual do faturamento de empresa devedora;
> XI – pedras e metais preciosos;
> XII – direitos aquisitivos derivados de promessa de compra e venda e de alienação fiduciária em garantia;
> XIII – outros direitos. (Brasil, 2015)

Porém, o parágrafo 1º desse dispositivo prevê que a penhora em dinheiro deve ser prioritária, podendo o juiz alterar a ordem das hipóteses. Já o parágrafo 2º do mesmo artigo dispõe que: "Para fins de substituição da penhora, equiparam-se a dinheiro a fiança bancária e o seguro garantia judicial, desde que em valor não inferior ao do débito constante da inicial, acrescido de trinta por cento" (Brasil, 2015).

Poderão as partes solicitar a substituição da penhora nos casos previstos no art. 848 do CPC:

> Art. 848. As partes poderão requerer a substituição da penhora se:
> I – ela não obedecer à ordem legal;
> II – ela não incidir sobre os bens designados em lei, contrato ou ato judicial para o pagamento;
> III – havendo bens no foro da execução, outros tiverem sido penhorados;
> IV – havendo bens livres, ela tiver recaído sobre bens já penhorados ou objeto de gravame;
> V – ela incidir sobre bens de baixa liquidez;
> VI – fracassar a tentativa de alienação judicial do bem; ou
> VII – o executado não indicar o valor dos bens ou omitir qualquer das indicações previstas em lei.
>
> Parágrafo único. A penhora pode ser substituída por fiança bancária ou por seguro garantia judicial, em valor não inferior ao do débito constante da inicial, acrescido de trinta por cento. (Brasil, 2015)

Contudo, em que pese haver todo o respaldo da penhora de bens do devedor em favor do credor, o art. 833 do CPC, que se aplica ao processo do trabalho em razão da lacuna existente na legislação trabalhista, menciona alguns bens que não são passíveis de penhora, denominados *bens impenhoráveis*, quais sejam:

Art. 833. São impenhoráveis:

I – os bens inalienáveis e os declarados, por ato voluntário, não sujeitos à execução;

II – os móveis, os pertences e as utilidades domésticas que guarnecem a residência do executado, salvo os de elevado valor ou os que ultrapassem as necessidades comuns correspondentes a um médio padrão de vida;

III – os vestuários, bem como os pertences de uso pessoal do executado, salvo se de elevado valor;

IV – os vencimentos, os subsídios, os soldos, os salários, as remunerações, os proventos de aposentadoria, as pensões, os pecúlios e os montepios, bem como as quantias recebidas por liberalidade de terceiro e destinadas ao sustento do devedor e de sua família, os ganhos de trabalhador autônomo e os honorários de profissional liberal, ressalvado o § 2º;

V – os livros, as máquinas, as ferramentas, os utensílios, os instrumentos ou outros bens móveis necessários ou úteis ao exercício da profissão do executado;

VI – o seguro de vida;

VII – os materiais necessários para obras em andamento, salvo se essas forem penhoradas;

VIII – a pequena propriedade rural, assim definida em lei, desde que trabalhada pela família;

IX – os recursos públicos recebidos por instituições privadas para aplicação compulsória em educação, saúde ou assistência social;

X – a quantia depositada em caderneta de poupança, até o limite de 40 (quarenta) salários-mínimos;

XI – os recursos públicos do fundo partidário recebidos por partido político, nos termos da lei;

XII – os créditos oriundos de alienação de unidades imobiliárias, sob regime de incorporação imobiliária, vinculados à execução da obra. (Brasil, 2015)

Importa ainda destacar os parágrafos que complementam os incisos dos bens impenhoráveis:

Art. 833. [...]

[...]

§ 1º A impenhorabilidade não é oponível à execução de dívida relativa ao próprio bem, inclusive àquela contraída para sua aquisição.

§ 2º O disposto nos incisos IV e X do caput não se aplica à hipótese de penhora para pagamento de prestação alimentícia, independentemente de sua origem, bem como às importâncias excedentes a 50 (cinquenta) salários-mínimos mensais, devendo a constrição observar o disposto no art. 528, § 8º, e no art. 529, § 3º.

§ 3º Incluem-se na impenhorabilidade prevista no inciso V do caput os equipamentos, os implementos e as máquinas agrícolas pertencentes a pessoa física ou a empresa individual produtora rural, exceto quando tais bens tenham sido objeto de financiamento e estejam vinculados em garantia a negócio jurídico ou quando respondam por dívida de natureza alimentar, trabalhista ou previdenciária. (Brasil, 2015)

A Instrução Normativa n. 39/2016 do TST, no art. 3º, inciso XV, especifica que o art. 833 do CPC, seus incisos e parágrafos, devem ser aplicados ao processo do trabalho sem qualquer ressalva.

— 11.6 —
Embargos à execução

Já aludimos suscintamente à possibilidade e ao cabimento dos embargos à execução. Contudo, aqui, veremos o conceito de embargos à execução e os artigos da CLT e do CPC em que esse incidente está regulamentado.

Gustavo Garcia (2012, p. 703) explica que "os embargos à execução têm natureza de ação do executado, com objetivo de extinguir a execução, mais especificamente e desconstituir o título executivo, declarar a inexigibilidade da obrigação ou mesmo a nulidade da execução".

Martins Filho (2008, p. 297) conceitua e esclarece os embargos à execução:

> Os embargos à execução são uma ação incidental no processo de execução, própria para impugnar a sentença que fixou o valor da condenação, quando esta houver extrapolado os limites de título executivo. Serve também para assegurar que a execução se realize na forma da lei, garantindo os direitos do executado.

Bezerra Leite (2019, p. 1.494) esclarece, por sua vez, que "os embargos à execução constituem gênero que tem como espécie os embargos do executado, os embargos à penhora, os embargos à adjudicação, à arrematação etc.".

Diante das explicações dos autores, entendemos que os embargos à execução são uma espécie de defesa do devedor no momento da execução, podendo também ser interpostos no momento em que já está ocorrendo a penhora.

Os embargos à execução encontram respaldo no art. 914 do CPC:

> Art. 914. O executado, independentemente de penhora, depósito ou caução, poderá se opor à execução por meio de embargos.
>
> § 1º Os embargos à execução serão distribuídos por dependência, autuados em apartado e instruídos com cópias das peças processuais relevantes, que poderão ser declaradas autênticas pelo próprio advogado, sob sua responsabilidade pessoal.
>
> § 2º Na execução por carta, os embargos serão oferecidos no juízo deprecante ou no juízo deprecado, mas a competência para julgá-los é do juízo deprecante, salvo se versarem unicamente sobre vícios ou defeitos da penhora, da avaliação ou da alienação dos bens efetuadas no juízo deprecado. (Brasil, 2015)

Por sua vez, o art. 917 do CPC apresenta outras possibilidades para a apresentação de embargos à execução, as quais são aceitas no processo do trabalho:

Art. 917. Nos embargos à execução, o executado poderá alegar:
I – inexequibilidade do título ou inexigibilidade da obrigação;
II – penhora incorreta ou avaliação errônea;
III – excesso de execução ou cumulação indevida de execuções;
IV – retenção por benfeitorias necessárias ou úteis, nos casos de execução para entrega de coisa certa;
V – incompetência absoluta ou relativa do juízo da execução;
VI – qualquer matéria que lhe seria lícito deduzir como defesa em processo de conhecimento. (Brasil, 2015)

Diferentemente do processo civil, em que os embargos podem ser interpostos no prazo de 15 dias, no processo do trabalho o prazo para apresentação de embargos é de 5 dias, contados do momento da garantia da execução ou da intimação à penhora. O mesmo prazo terá a parte contrária para apresentar a impugnação aos embargos, conforme preceitua o art. 884 da CLT. O parágrafo 1º do art. 884 prevê que as alegações do embargante devem estar relacionadas ao cumprimento da decisão acordada, à quitação ou à prescrição da dívida.

— 11.7 —
Exceção de pré-executividade

Leciona Bezerra Leite (2019, p. 1.517): "A exceção de pré-executividade, também denominada *objeção de pré-executividade*, constitui uma possibilidade conferida ao devedor para que este, antes mesmo de ter seus bens constritos, ingresse no processo com o objetivo específico de demonstrar a inexigibilidade do título executivo".

A exceção de pré-executividade é uma forma de defesa do devedor também com a finalidade de atacar um título executivo, mesmo não tendo ocorrido a garantia do juízo. Porém, é diferente dos embargos à execução, visto que estes "constituem verdadeira ação incidental de conhecimento no processo de execução" (Leite, 2019, p. 1.517).

Ainda, Bezerra Leite esclarece que, embora aplicável ao processo do trabalho, a legislação brasileira não prevê a exceção de pré-executividade, pois se trata-se de um instituto criado pela doutrina e pela jurisprudência para situações excepcionais, com o objetivo e a justificativa de ataque pelo devedor de um título executivo sem seu nome constar nos bens (Leite, 2019).

O mecanismo de exceção de pré-executividade é iniciado por meio de uma petição inicial simples que demonstre os fundamentos para a exceção, apresentando, ao final, o pedido pretendido (Sales, 2020).

— 11.8 —
Expropriação

A expropriação é o ato de transferir os bens penhorados do devedor para outrem, mesmo sem sua anuência, para arcar com os interesses do credor (Sales, 2020). Assim, a expropriação ocorre na fase final da execução e encontra-se prevista no art. 888 da

CLT: "Concluída a avaliação, dentro de dez dias, contados da data da nomeação do avaliador, seguir-se-á a arrematação, que será anunciada por edital afixado na sede do juízo ou tribunal e publicado no jornal local, se houver, com a antecedência de vinte (20) dias" (Brasil, 1943).

A expropriação pode ocorrer por meio de arrematação ou adjudicação. Para tanto, deverão ser observados alguns requisitos. Vejamos as fases e as formas de expropriação a seguir:

- **Avaliação** – A primeira etapa do início da expropriação é a avaliação, que tem por objetivo analisar e atribuir os bens penhorados com valor compatível ao mercado atual, que servirá de direção para o momento da arrematação. A avaliação encontra respaldo no art. 886, parágrafo 2º, da CLT: "Julgada subsistente a penhora, o juiz, ou presidente, mandará proceder logo à avaliação dos bens penhorados" (Brasil, 1943). A avaliação deve ser realizada por profissional escolhido pelas partes; em caso ausência de consenso, o juiz nomeará o avaliador (art. 887, CLT). O laudo de avaliação deve ser entregue no prazo de 10 dias para então seguir para a arrematação, nos termos do art. 888 da CLT.
- **Arrematação** – Após realizada a avaliação, passa-se à fase de arrematação dos bens, que, conforme especifica o art. 888 da CLT, "será anunciada por edital afixado na sede do juízo ou Tribunal e publicado no jornal local, se houver, com a antecedência de vinte (20) dias" (Brasil, 1943). A arrematação é o ato que transfere os bens penhorados do devedor para o

terceiro, denominado *arrematante*. Em outras palavras, trata-se da venda do bem pelo Estado, por meio de praça ou leilão, para aquele que ofereceu o maior preço (Leite, 2019). A arrematação é uma das formas de expropriação. Quem estiver arrematando os bens, deverá garantir um lance de 20% do valor correspondente ao bem, nos termos do parágrafo 3º do art. 888 da CLT. Já o parágrafo 4º do mesmo dispositivo assim prevê: "Se o arrematante, ou seu fiador, não pagar dentro de 24 (vinte e quatro) horas o preço da arrematação, perderá, em benefício da execução, o sinal de que trata o § 2º deste artigo, voltando à praça os bens executados" (Brasil, 1943).

- **Adjudicação** – Trata-se de uma "forma de expropriação na qual o credor manifesta sua intenção de ficar com os bens penhorados para si" (Sales, 2020, p. 287). O art. 876 do CPC dispõe que "é lícito ao exequente, oferecendo preço não inferior ao da avaliação, requerer que lhe sejam adjudicados os bens penhorados" (Brasil, 2015). Esse dispositivo é aplicado ao processo do trabalho, visto que a legislação trabalhista é omissa com relação ao momento que poderá ocorrer a adjudicação. O credor poderá concorrer com o arrematante e terá preferência no momento da adjudicação pelo preço da arrematação. Dessa forma, o parágrafo 1º do art. 888 da CLT disciplina que "a arrematação far-se-á em dia, hora e lugar anunciados e os bens serão vendidos pelo maior lance, tendo o exequente preferência para a adjudicação" (Brasil, 1943).

- **Alienação por iniciativa particular** – A alienação por iniciativa particular encontra respaldo no art. 880 do CPC: "Não efetivada a adjudicação, o exequente poderá requerer a alienação por sua própria iniciativa ou por intermédio de corretor ou leiloeiro público credenciado perante o órgão judiciário" (Brasil, 2015). O juiz irá fixar o prazo para que a alienação seja efetivada e os demais detalhes para sua ocorrência, nos termos do parágrafo 1º do art. 880 do CPC. Ademais, é necessário observar as seguintes formalidades elencadas no parágrafo 2º do art. 888 do CPC:

> Art. 888. [...]
>
> [...]
>
> § 2º A alienação será formalizada por termo nos autos, com a assinatura do juiz, do exequente, do adquirente e, se estiver presente, do executado, expedindo-se:
>
> I – a carta de alienação e o mandado de imissão na posse, quando se tratar de bem imóvel;
>
> II – a ordem de entrega ao adquirente, quando se tratar de bem móvel. (Brasil, 2015)

Por fim, os tribunais terão a prerrogativa de editar disposições complementares para regulamentar a alienação e, até mesmo, quando for o caso, utilizar o concurso de meios eletrônicos e credenciar corretores e leiloeiros públicos, que devem estar exercendo a profissão por, pelo menos, três anos (art. 880, §3º, CPC).

- **Remição** – A remição é o momento em que se efetua o pagamento pelo devedor, ou seja, "o devedor paga o *quantum debeatur* para liberar seu bem da constrição judicial" (Leite, 2019, p. 1.547). O CPC é utilizado como fonte subsidiária para complementar a fundamentação do instituto:

> Art. 826. Antes de adjudicados ou alienados os bens, o executado pode, a todo tempo, remir a execução, pagando ou consignando a importância atualizada da dívida, acrescida de juros, custas e honorários advocatícios. (Brasil, 2015)

Com a fase da remição, a execução é extinguida conforme atinge sua finalidade, que é a satisfação do exequente (Leite, 2019), o qual, na Justiça do Trabalho, na maioria dos casos, é o empregado.

Parte 5

*Procedimentos especiais
aplicáveis ao processo
do trabalho*

Capítulo 12

*Procedimentos especiais:
ações em espécie*

A Justiça do Trabalho, conforme constatamos até o momento, apesar de sua autonomia legislativa, aplica consideravelmente no processo do trabalho a legislação processual cível, que, muitas vezes, supre as lacunas existentes na legislação trabalhista. Dessa forma, diversas ações utilizadas em outras áreas do direito são também admissíveis no direito do trabalho.

Antônio Carlos Marcato (2017, p. 74) manifesta-se no seguinte sentido com relação às ações de procedimentos especiais:

> Pelas próprias especificidades que os diferenciam dos demais procedimentos, os especiais apresentam características marcantes, quer por influência da relação do Direito material controvertida debatida em juízo, quer pelo próprio regramento processual a que são submetidos os correspondentes litígios.

O Código de Processo Civil (CPC) – Lei n. 13.105, de 16 de março de 2015 (Brasil, 2015) – trata sobre os procedimentos especiais nos arts. 539 a 770. No entanto, é importante também analisar a legislação esparsa que disciplina essas ações aplicáveis ao processo do trabalho.

— 12.1 —
Ação de consignação em pagamento

A ação de consignação em pagamento é uma ação de procedimento especial de jurisdição contenciosa que está disposta nos arts. 539 a 549 do CPC e nos arts. 334 a 345 do Código Civil – Lei

n. 10.406, de 10 de janeiro de 2002 (Brasil, 2002). Embora a legislação trabalhista não apresente regras específicas para essa ação, ela é utilizada no processo do trabalho.

A consignação em pagamento é uma forma especial de realizar o pagamento com a finalidade de se extinguir uma obrigação. O Código Civil assim prevê: "Considera-se pagamento, e extingue a obrigação, o depósito judicial ou em estabelecimento bancário da coisa devida, nos casos e forma legais" (Brasil, 2002). Vejamos a explicação de Marcato (2017, p. 89) sobre o tema:

> poderá a obrigação ser extinta por meio de pagamento por consignação (CC, arts. 334 e 345), que se perfaz como depósito da quantia ou coisa devida, o qual, sendo aceito pelo credor ou vindo a ser declarado válido e suficiente por sentença judicial, tem o condão de extinguir a obrigação, liberando o devedor.

Por sua vez, o art. 539 do CPC disciplina o cabimento dessa ação: "Nos casos previstos em lei, poderá o devedor ou terceiro requerer, com efeito de pagamento, a consignação da quantia ou da coisa devida" (Brasil, 2015). Já o Código Civil apresenta um rol das possibilidades de cabimento da consignação em pagamento:

> Art. 335. A consignação tem lugar:
>
> I – se o credor não puder, ou, sem justa causa, recusar receber o pagamento, ou dar quitação na devida forma;
>
> II – se o credor não for, nem mandar receber a coisa no lugar, tempo e condição devidos;

> III – se o credor for incapaz de receber, for desconhecido, declarado ausente, ou residir em lugar incerto ou de acesso perigoso ou difícil;
>
> IV – se ocorrer dúvida sobre quem deva legitimamente receber o objeto do pagamento;
>
> V – se pender litígio sobre o objeto do pagamento. (Brasil, 2002)

Na Justiça do Trabalho, a hipótese mais comum de consignação em pagamento é proposta pelo empregador para o pagamento das verbas rescisórias do empregado quando este foi dispensado e, por algum motivo, não compareceu para o recebimento das verbas ou seu paradeiro é desconhecido. Nesses casos, a empresa opta por realizar o pagamento das verbas rescisórias mediante consignação, buscando extinguir sua obrigação (Leite, 2019).

Os legitimados para a propositura dessa ação podem ser tanto o devedor que procura extinguir a obrigação quanto um terceiro interessado em pagar a dívida.

A petição inicial deverá observar os seguintes requisitos, conforme disposto no CPC:

> Art. 542. Na petição inicial, o autor requererá:
>
> I – o depósito da quantia ou da coisa devida, a ser efetivado no prazo de 5 (cinco) dias contados do deferimento, ressalvada a hipótese do art. 539, § 3º;
>
> II – a citação do réu para levantar o depósito ou oferecer contestação.

> Parágrafo único. Não realizado o depósito no prazo do inciso I, o processo será extinto sem resolução do mérito. (Brasil, 2015)

Apesar de não estar prevista no dispositivo legal a tentativa de conciliação, quando se aplica na Justiça do Trabalho, o Professor Bezerra Leite (2019) entende que é plenamente cabível essa tentativa, até mesmo para primar pelo princípio da conciliação que regula a esfera processual trabalhista.

Na defesa, o réu poderá alegar as seguintes situações, nos termos do art. 544 do CPC:

> Art. 544. Na contestação, o réu poderá alegar que:
> I – não houve recusa ou mora em receber a quantia ou a coisa devida;
> II – foi justa a recusa;
> III – o depósito não se efetuou no prazo ou no lugar do pagamento;
> IV – o depósito não é integral.
>
> Parágrafo único. No caso do inciso IV, a alegação somente será admissível se o réu indicar o montante que entende devido. (Brasil, 2015)

A competência para o julgamento da ação de consignação em pagamento está prevista tanto o Código Civil, no art. 337, quanto no CPC, no art. 540, que estabelecem que deve ser proposta no local que o pagamento será realizado. Contudo, a Consolidação das Leis do Trabalho (CLT) – aprovada pelo Decreto-Lei n. 5.452, de 1º de maio de 1943 (Brasil, 1943) –, no art. 651, delimita a competência territorial; portanto, quando essa ação tramita na Justiça do Trabalho, em regra, deve proposta no local da prestação de serviço do empregado (Leite, 2019).

Com relação à sentença, o art. 545 do CPC esclarece que, se o réu, ou seja, o credor da consignação, alegar a insuficiência dos valores consignados, é lícito ao autor da demanda completá-lo em 10 dias, salvo se o valor corresponder à prestação cujo inadimplemento dê ensejo à rescisão contratual. Mesmo com a não concordância do valor, o réu poderá levantar a quantia depositada enquanto ocorre o prosseguimento do processo relativamente à diferença dos valores alegados, nos termos do parágrafo 1º do artigo citado.

Se julgado procedente o pedido e o credor receber o valor e der quitação, o juiz irá declarar a obrigação extinta e condenará o réu ao pagamento das custas e dos honorários advocatícios, conforme estipula o art. 546 do CPC.

— 12.2 —
Mandado de segurança

O mandado de segurança é um remédio constitucional que a Constituição Federal (CF) de 1988 dispõe no art. 5º, inciso LXIX:

> conceder-se-á mandado de segurança para proteger direito líquido e certo, não amparado por habeas corpus ou habeas data, quando o responsável pela ilegalidade ou abuso de poder

for autoridade pública ou agente de pessoa jurídica no exercício de atribuições do Poder Público. (Brasil, 1988)

Ainda, o inciso LXX do mesmo dispositivo dispõe sobre o mandado de segurança coletivo:

> Art. 5º [...]
>
> [...]
>
> LXX – o mandado de segurança coletivo pode ser impetrado por:
>
> a) partido político com representação no Congresso Nacional;
>
> b) organização sindical, entidade de classe ou associação legalmente constituída e em funcionamento há pelo menos um ano, em defesa dos interesses de seus membros ou associados; [...]. (Brasil, 1988)

O Professor José Afonso da Silva (2005, p. 447) define o instituto como "um remédio constitucional, com natureza de ação civil, posto à disposição de titulares de direito líquido e certo, lesado ou ameaçado de lesão, por ato ou omissão de autoridade pública ou agente de pessoa jurídica no exercício de atribuições do Poder Público".

Tendo em vista que o mandado de segurança encontra respaldo na Constituição, ele é plenamente aplicável na Justiça do Trabalho. Ademais, o mandado de segurança é regulamentado por lei específica – Lei n. 12.016, de 7 de agosto de 2009 (Brasil, 2009).

Por força do art. 114, inciso IV, da CF de 1988, que trata sobre as competências da Justiça do Trabalho, o mandado de segurança poderá ser impetrado contra: o juiz do trabalho; o juiz de direito investido na condição de juiz do trabalho; o diretor da secretaria; o diretor geral do Tribunal Regional do Trabalho (TRT); outro funcionário da Justiça do Trabalho ou auditor fiscal do trabalho que tenha violado direito líquido e certo de um terceiro.

Quanto à competência para julgar esse remédio constitucional, com o advento da Emenda Constitucional (EC) n. 45/2004 e a mudança no art. 114, inciso IV, da CF de 1988, os juízes das Varas do Trabalho passaram a ser competentes para julgar mandado de segurança em algumas hipóteses, conforme explica Bezerra Leite (2019, p. 1.680):

> os juízes das Varas do Trabalho passaram a ser originária e funcionalmente competente para processar e julgar mandado de segurança (inciso IV), como nas hipóteses em que o servidor público concursado de uma empresa pública proponha tal demanda questionando a sua preterição em relação à ordem de classificação do concurso público respectivo (inciso I), ou naquelas em que o empregador pretenda discutir a validade do ato (penalidade) praticado pela autoridade administrativa integrante dos órgãos de fiscalização das relações de trabalho (inciso VII).

Contudo, os TRTs também mantêm sua competência de julgar mandado de segurança, com disposições específicas regulamentadas no regimento interno de cada tribunal (Leite, 2019). Os requisitos que devem constar na petição inicial do mandado de segurança são os mesmos do art. 319 do CPC e aqueles dispostos no art. 6º da Lei do Mandado de Segurança:

> Art. 6º A petição inicial, que deverá preencher os requisitos estabelecidos pela lei processual, será apresentada em 2 (duas) vias com os documentos que instruírem a primeira reproduzidos na segunda e indicará, além da autoridade coatora, a pessoa jurídica que esta integra, à qual se acha vinculada ou da qual exerce atribuições. (Brasil, 2009)

Além dos requisitos da petição inicial, para a ação do mandado de segurança é necessário observar algumas condições para seu cabimento, que são as seguintes:

- **Direito líquido e certo** – Significa dizer que não poderá haver dúvidas sobre o direito violado do impetrante. É necessário juntar provas inequívocas para que o mandado de segurança seja conhecido. Explica Bezerra Leite (2019, p. 1.691) que, "quando do exame dos documentos que instruem a inicial, o juiz verificar que eles guardam estrita pertinência com os fatos nela narrados, deverá admitir a segurança".
- **Ilegalidade ou abuso de poder** – Essa condição impõe que aquele que se sentiu lesado deve ter sido lesado mediante ilegalidade ou abuso daquele que detém o poder.

- **Ato de autoridade pública** – A última condição exigida para o cabimento do mandado de segurança é que o ato tenha sido praticado por autoridade pública.

Se preenchidas as condições ora mencionadas, o mandado de segurança será analisado e será dada ciência à autoridade sobre o ato coator. Nos termos do art. 7º, inciso I, da Lei do Mandado de Segurança (Lei n. 12.016/2009), a autoridade coatora terá o prazo de 10 dias para prestar informações ao juízo que está analisando a causa.

Findo o prazo para a autoridade coatora se manifestar, o juiz dará vistas ao Ministério Público para que este se manifeste também no prazo de 10 dias, sendo, posteriormente, os autos conclusos ao juiz, conforme expressa art. 12 da Lei n. 12.016/2009. Quando o mandado de segurança for impetrado na Justiça do Trabalho e a competência for do TRT, o julgamento ocorrerá por meio de uma turma julgadora.

— 12.2.1 —
Mandado de segurança coletivo

Outra forma de impetrar mandado de segurança é coletivamente. O mandado de segurança coletivo está previsto no inciso LXX do art. 5º da CF de 1988, já transcrito anteriormente, e no art. 21 da Lei n. 12.016/2009, que assim dispõe:

Art. 21. O mandado de segurança coletivo pode ser impetrado por partido político com representação no Congresso Nacional, na defesa de seus interesses legítimos relativos a seus integrantes ou à finalidade partidária, ou por organização sindical, entidade de classe ou associação legalmente constituída e em funcionamento há, pelo menos, 1 (um) ano, em defesa de direitos líquidos e certos da totalidade, ou de parte, dos seus membros ou associados, na forma dos seus estatutos e desde que pertinentes às suas finalidades, dispensada, para tanto, autorização especial. (Brasil, 2009)

O parágrafo único desse artigo estabelece os direitos protegidos pelo mandado de segurança:

Art. 21. [...]

Parágrafo único. Os direitos protegidos pelo mandado de segurança coletivo podem ser:

I – coletivos, assim entendidos, para efeito desta Lei, os transindividuais, de natureza indivisível, de que seja titular grupo ou categoria de pessoas ligadas entre si ou com a parte contrária por uma relação jurídica básica;

II – individuais homogêneos, assim entendidos, para efeito desta Lei, os decorrentes de origem comum e da atividade ou situação específica da totalidade ou de parte dos associados ou membros do impetrante. (Brasil, 2009)

Explica Sales (2020, p. 230) que, na ação de mandado de segurança coletivo, ocorre uma substituição processual: uma pessoa poderá, por força de lei, representar de forma extraordinária os verdadeiros interessados. Já no mandado de segurança individual, é necessário que o interessado impetre o remédio e exerça seu direito de ação.

O art. 21 da Lei do Mandado de Segurança amplia os legitimados para propor a ação para além dos elencados na Constituição Federal. Dessa forma, além dos partidos políticos e das organizações sindicais, são legitimadas as entidades de classe e as associações legalmente constituídas há mais de um ano. Esclarecemos que o Ministério Público não é legitimado para impetrar mandado de segurança coletivo.

Nos termos do art. 22 da Lei n. 12.016/2009, no mandado de segurança coletivo, a "sentença fará coisa julgada limitadamente aos membros do grupo ou categoria substituídos pelo impetrante" (Brasil, 2009). Quando for impetrado o mandado de segurança coletivo, tal ato não impede que seja impetrado o mandado de segurança individual, conforme disposto no parágrafo 1º do mesmo dispositivo.

Contudo, o mesmo parágrafo 1º do art. 22 estabelece que os efeitos da coisa julgada para aquele que resolveu impetrar o mandado de segurança coletivo "não beneficiarão o impetrante a título individual se não requerer a desistência de seu mandado de segurança no prazo de 30 (trinta) dias a contar da ciência comprovada da impetração da segurança coletiva" (Brasil, 2009).

— 12.3 —
Ação rescisória

A ação rescisória também está prevista no CPC, em capítulo especial, nos arts. 966 a 975, e é utilizada na Justiça do Trabalho como procedimento especial. Apesar da ação rescisória ser protocolada diretamente em segunda instância, ela não é um recurso, mas uma ação autônoma que busca rever uma decisão de mérito já transitada em julgado, como veremos a seguir.

Bezerra Leite (2019, p. 1.739) traz o conceito da *ação rescisória*:

> Em rigor, a rescisória é uma ação especial, com previsão, até mesmo, em sede constitucional, destinada a atacar coisa julgada. Trata-se, pois, de uma ação civil de conhecimento, de natureza constitutivo-negativa, porquanto visa à desconstituição, ou, como preferem alguns, anulação da *res judicata*.

O art. 836 da CLT reconhece a aplicação da ação rescisória em âmbito trabalhista, contudo, refere-se ao CPC para aplicação e procedimento. Vejamos o que prevê o artigo:

> Art. 836. É vedado aos órgãos da Justiça do Trabalho conhecer de questões já decididas, excetuados os casos expressamente previstos neste Título e a ação rescisória, que será admitida na forma do disposto no Capítulo IV do Título IX da Lei no 5.869, de 11 de janeiro de 1973 – Código de Processo Civil, sujeita ao depósito prévio de 20% (vinte por cento) do valor da causa, salvo prova de miserabilidade jurídica do autor.

> Parágrafo único. A execução da decisão proferida em ação rescisória far-se-á nos próprios autos da ação que lhe deu origem, e será instruída com o acórdão da rescisória e a respectiva certidão de trânsito em julgado. (Brasil, 1943)

Portanto, é totalmente aplicável esse procedimento no processo do trabalho, mas é sempre importante lembrar que poderá ocorrer adaptações ao processo do trabalho consoante as decisões jurisprudenciais e os regimentos internos dos tribunais.

O art. 966 do CPC dispõe sobre as possibilidades de cabimento da ação rescisória:

> Art. 966. A decisão de mérito, transitada em julgado, pode ser rescindida quando:
>
> I – se verificar que foi proferida por força de prevaricação, concussão ou corrupção do juiz;
>
> II – for proferida por juiz impedido ou por juízo absolutamente incompetente;
>
> III – resultar de dolo ou coação da parte vencedora em detrimento da parte vencida ou, ainda, de simulação ou colusão entre as partes, a fim de fraudar a lei;
>
> IV – ofender a coisa julgada;
>
> V – violar manifestamente norma jurídica;
>
> VI – for fundada em prova cuja falsidade tenha sido apurada em processo criminal ou venha a ser demonstrada na própria ação rescisória;

VII – obtiver o autor, posteriormente ao trânsito em julgado, prova nova cuja existência ignorava ou de que não pôde fazer uso, capaz, por si só, de lhe assegurar pronunciamento favorável;

VIII – for fundada em erro de fato verificável do exame dos autos. (Brasil, 2015)

A ação rescisória é cabível apenas nos casos de trânsito em julgado da decisão, pois sua principal finalidade é desconstituir a coisa julgada, observadas as possibilidades previstas no art. 966 do CPC para que ocorra uma nova decisão de mérito definitiva.

Os legitimados para propor a ação rescisória estão previstos no art. 967 do CPC, quais sejam: quem foi parte no processo ou seu sucessor; o terceiro juridicamente interessado; aquele que não foi ouvido no processo e era obrigatória sua participação; ou o Ministério Público nos casos em que era obrigatória sua manifestação e não ocorreu; quando o objetivo da parte que ajuizou a ação rescisória pretende fraudar a lei ou em outros casos que seja necessária sua atuação.

A competência para julgar essa ação na Justiça do Trabalho é dos TRTs, portanto, a ação rescisória jamais será julgada pelos juízes nas Varas do Trabalho nem por qualquer juiz de direito investido de competência trabalhista. Ademais, o TRT que irá apreciar a ação rescisória é aquele próprio que a Vara do Trabalho julgou o processo principal (Leite, 2019).

Com relação aos requisitos da petição inicial, é necessário observar o art. 836 da CLT e o art. 319 do CPC, acrescentando-se os requisitos essenciais dispostos no art. 968 do CPC, que são:

> I – cumular ao pedido de rescisão, se for o caso, o de novo julgamento do processo;
>
> II – depositar a importância de cinco por cento sobre o valor da causa, que se converterá em multa caso a ação seja, por unanimidade de votos, declarada inadmissível ou improcedente. (Brasil, 2015)

Conforme já citado, a Súmula n. 425 do Tribunal Superior do Trabalho (TST, 2021) não admite o *jus postulandi* nas ações rescisórias.

Diante do teor do art. 836 da CLT, a ação rescisória exige um depósito prévio de 20% sobre o valor da causa, sob pena de indeferimento da petição inicial, salvo se comprovada a miserabilidade jurídica do autor. Tal requisito não se aplica à União, aos estados, ao Distrito Federal, aos municípios, às autarquias e fundações de direito público, ao Ministério Público e à Defensoria Pública, conforme dispõe o parágrafo 3º do art. 968 do CPC.

Após o recebimento da ação rescisória e atendidos seus requisitos, passa-se à fase de defesa do réu. Nos termos do art. 970 do CPC, o réu será citado para que, querendo, apresente resposta no prazo entre 15 e 30 dias. No que se refere aos requisitos para a defesa do réu, deve-se observar, no que couber, o procedimento comum.

Caso os fatos alegados pelas partes dependam de prova, "o relator poderá delegar a competência ao órgão que proferiu a decisão rescindenda, fixando prazo de 1 (um) a 3 (três) meses para a devolução dos autos", conforme disposto no art. 972 do CPC (Brasil, 2015).

Quando concluída a instrução processual, as partes poderão apresentar suas razões finais no prazo de 10 dias. Findado o prazo, os autos serão conclusos ao relator para que ele se pronuncie sobre o caso, nos termos dos arts. 972 e 973 do CPC.

O prazo para direito de propositura da ação rescisória é de 2 anos, contados do trânsito em julgado da decisão proferida no processo, conforme expõe o art. 975 do CPC.

— 12.4 —

Inquérito para apuração de falta grave

O inquérito para apuração de falta grave está previsto nos arts. 853 a 855 da CLT. É cabível para o empregador contra o empregado quando este tiver algum tipo de estabilidade de emprego, tendo por objetivo a demissão do contrato de trabalho por justa causa.

O Professor Mauro Schiavi (2018, p. 1305) descreve *falta grave* da seguinte maneira: "ato doloso ou culposamente grave, previsto na lei, praticado pelo empregado, violando obrigações legais trabalhistas ou inerentes do contrato de trabalho, tornando insuportável a manutenção do vínculo de emprego por abalar, de forma indelével, a confiança do empregador".

O art. 482 da CLT regulamenta as hipóteses de dispensa por justa causa que são passíveis de inquérito para apuração por falta grave. Vejamos:

> Art. 482. Constituem justa causa para rescisão do contrato de trabalho pelo empregador:
>
> a) ato de improbidade;
>
> b) incontinência de conduta ou mau procedimento;
>
> c) negociação habitual por conta própria ou alheia sem permissão do empregador, e quando constituir ato de concorrência à empresa para a qual trabalha o empregado, ou for prejudicial ao serviço;
>
> d) condenação criminal do empregado, passada em julgado, caso não tenha havido suspensão da execução da pena;
>
> e) desídia no desempenho das respectivas funções;
>
> f) embriaguez habitual ou em serviço;
>
> g) violação de segredo da empresa;
>
> h) ato de indisciplina ou de insubordinação;
>
> i) abandono de emprego;
>
> j) ato lesivo da honra ou da boa fama praticado no serviço contra qualquer pessoa, ou ofensas físicas, nas mesmas condições, salvo em caso de legítima defesa, própria ou de outrem;
>
> k) ato lesivo da honra ou da boa fama ou ofensas físicas praticadas contra o empregador e superiores hierárquicos, salvo em caso de legítima defesa, própria ou de outrem;

l) prática constante de jogos de azar;

m) perda da habilitação ou dos requisitos estabelecidos em lei para o exercício da profissão, em decorrência de conduta dolosa do empregado.

Parágrafo único. Constitui igualmente justa causa para dispensa de empregado a prática, devidamente comprovada em inquérito administrativo, de atos atentatórios à segurança nacional. (Brasil, 1943)

Nas hipóteses elencadas pelo dispositivo citado, o empregado estável não poderá ser demitido, exceto se cometer uma falta grave e que fique comprovado o ato. O objetivo desse procedimento especial é reconhecer de forma judicial a dispensa do empregado por falta grave cometida no exercício de suas funções e que não poderia ocorrer em razão de sua estabilidade (Sales, 2020).

Um exemplo de aplicação do inquérito para apuração por falta grave é a Súmula n. 379 do TST (2021), que estabelece que o dirigente sindical só poderá ser dispensado por falta grave mediante a apuração de inquérito por falta grave.

Com relação ao procedimento a ser observado para essa ação, o art. 853 da CLT determina que "o empregador apresentará reclamação por escrito à Junta ou Juízo de Direito, dentro de 30 (trinta) dias, contados da data da suspensão do empregado" (Brasil, 1943).

Uma peculiaridade do inquérito para apuração de falta grave é que o art. 821 da CLT estabelece que é possível, no momento da produção de provas, serem ouvidas até seis testemunhas; em uma ação comum, seriam ouvidas no máximo três, conforme o rito processual.

Na sentença, se procedente o inquérito, a falta grave será reconhecida e o empregador poderá dispensar o empregado estável por justa causa. Contudo, o art. 855 da CLT ressalva que, se tiver havido prévio reconhecimento da estabilidade do empregado em outra ação, "o julgamento do inquérito pela Junta ou Juízo não prejudicará a execução para pagamento dos salários devidos ao empregado, até a data da instauração do mesmo inquérito" (Brasil, 1943).

— 12.5 —
Ação monitória

A ação monitória é uma ação aplicável na Justiça do Trabalho, mas segue o procedimento do CPC em razão da omissão da legislação trabalhista em tratar do assunto. A ação monitória é "uma advertência dirigida ao devedor para que este pague ou entregue alguma coisa ao credor, sob as penas da lei" (Leite, 2019, p. 1.838).

No conceito de Fernando Augusto de Sales (2020, p. 223, grifo do original):

> Trata-se, a monitória, de uma ação de conhecimento, de procedimento especial e natureza condenatória, cabível para quem pretender, com base em prova escrita sem eficácia de título executivo, pagamento de *soma em dinheiro*, entrega de *coisa fungível* ou *infungível* ou de *bem móvel* ou *imóvel*, ou o adimplemento de obrigação de fazer ou de não fazer.

O CPC, no art. 700, dispõe sobre a propositura da ação monitória:

> Art. 700. A ação monitória pode ser proposta por aquele que afirmar, com base em prova escrita sem eficácia de título executivo, ter direito de exigir do devedor capaz:
> I – o pagamento de quantia em dinheiro;
> II – a entrega de coisa fungível ou infungível ou de bem móvel ou imóvel;
> III – o adimplemento de obrigação de fazer ou de não fazer. (Brasil, 2015)

A ação monitória apresenta algumas peculiaridades que devem ser observadas, pois se trata de um procedimento especial para o processo do trabalho. A petição inicial, além de atender aos requisitos do art. 319 do CPC, deve, ainda, observar o seguinte:

> Art. 700. [...]
> [...]
> § 2º Na petição inicial, incumbe ao autor explicitar, conforme o caso:
> I – a importância devida, instruindo-a com memória de cálculo;
> II – o valor atual da coisa reclamada;
> III – o conteúdo patrimonial em discussão ou o proveito econômico perseguido. (Brasil, 2015)

O valor da causa precisa estar em conformidade com os incisos citados, conforme prevê o parágrafo 3º do art. 700 do CPC. Caso não sejam cumpridos os requisitos para a ação monitória, a petição inicial será indeferida.

Na Justiça do Trabalho, apesar de a doutrina não ser unânime com relação à sua aplicação ao processo do trabalho, grande parte entende que a ação monitória poderá ser utilizada por ambas as partes, tanto pelo empregado quanto pelo empregador, bastando que se observem os requisitos necessários para a propositura da ação.

Bezerra Leite (2019) integra a corrente doutrinária que se posiciona pela possibilidade de utilização da ação monitória na Justiça do Trabalho, porém salienta que alguns procedimentos devem ser observados quando aplicados ao processo do trabalho, como a obrigatoriedade para a tentativa de conciliação e a concentração dos atos processuais em uma única audiência.

Por sua vez, Sales (2020) indica algumas possibilidades aplicáveis à ação monitória no processo do trabalho: para o empregado, poderá haver, por exemplo, um termo de rescisão não quitado ou um pagamento de acordo com cheque sem fundo. Já para o empregador, pode haver um documento do empregado que comprove uma quantia devida realizada por empréstimo ou utensílios, como uniformes ou ferramentas, a qual era obrigação do empregado restituir ao final do contrato de trabalho.

A ação monitória poderá sofrer embargos, denominados também *embargos monitórios*, previstos no art. 702 do CPC. Apresentados os embargos com a justificativa do valor ser superior ao devido, o réu deverá apresentar demonstrativo atualizado da dívida; caso não seja apresentado o demonstrativo, os embargos serão rejeitados se esse for o único fundamento, conforme o teor dos parágrafos 2º e 3º do art. 702. O prazo para resposta aos embargos será de 15 dias, nos termos do parágrafo 5º do mesmo art. 702.

Vejamos o posicionamento de Marcato (2017, p. 280) quando esclarece sobre os embargos monitórios:

> Com a oferta dos embargos instaura-se o contraditório em sua plenitude, a permitir a cognição exauriente da matéria submetida à apreciação judicial. Vale dizer, esgotada a fase inicial do procedimento com a emissão de mandado fundado em cognição sumária e cientificação do réu, opostos os embargos inicia-se a fase final, destinada ao exercício do direito à ampla defesa pelo embargante e a produção das provas tendentes à desconstituição do mandado, culminando com a prolação de sentença.

Na exposição do autor, os embargos são a espécie de defesa da parte contrária e o momento para contestar os fatos alegados pelo autor que acreditar serem inverídicos ou contraditórios.

Por fim, caso a ação monitória seja proposta indevidamente ou de má-fé pelo autor, o juiz o condenará em multa no valor de 10% sobre o valor da causa em favor do réu (art. 702, § 10, CPC). Caso o réu opunha embargos de má-fé, será condenado em 10% do valor da causa em favor do autor da ação (art. 702, § 11, CPC).

— 12.6 —
Embargos de terceiro

No andamento processual, pode haver determinação judicial sobre a perda de um bem de quem não é parte naquele processo, ou seja, de um terceiro. Quando tal fato ocorre, a legislação apresenta um respaldo para que o terceiro se abstenha de sofrer ameaça ou constrição judicial de seus bens, tal como a penhora. Os embargos de terceiro estão dispostos nos arts. 674 a 681 do CPC.

Explica Marcato (2017, p. 227) sobre os embargos de terceiro: "Os embargos de terceiro têm, portanto, finalidade preventiva ou liberatória, prestando-se tanto a impedir que a ameaça de constrição judicial sobre determinado bem de terceiro se concretize, quanto, já concretizada, a liberá-los do ato constritivo".

Já o art. 674 do CPC dispõe o seguinte: "Quem, não sendo parte no processo, sofrer constrição ou ameaça de constrição sobre bens que possua ou sobre os quais tenha direito incompatível com o ato constritivo, poderá requerer seu desfazimento ou sua inibição por meio de embargos de terceiro" (Brasil, 2015).

Portanto, é por meio dos embargos que o terceiro irá se manifestar e se defender em relação aos bens de sua propriedade que podem sofrer ou sofreram uma penhora, por exemplo, e, assim, liberá-los ou requerê-los de volta.

Considera-se terceiro, para ajuizamento dos embargos, nos termos do parágrafo 2º do art. 674 do CPC:

> Art. 674. [...]
>
> [...]
>
> § 2º Considera-se terceiro, para ajuizamento dos embargos:
>
> I – o cônjuge ou companheiro, quando defende a posse de bens próprios ou de sua meação, ressalvado o disposto no art. 843;
>
> II – o adquirente de bens cuja constrição decorreu de decisão que declara a ineficácia da alienação realizada em fraude à execução;
>
> III – quem sofre constrição judicial de seus bens por força de desconsideração da personalidade jurídica, de cujo incidente não fez parte;
>
> IV – o credor com garantia real para obstar expropriação judicial do objeto de direito real de garantia, caso não tenha sido intimado, nos termos legais dos atos expropriatórios respectivos. (Brasil, 2015)

Conforme o art. 675 do CPC, os embargos podem ser opostos a qualquer tempo durante o processo de conhecimento enquanto não houver o trânsito em julgado da sentença. Já no processo de execução, poderão ser opostos os embargos no prazo de até 5 dias depois que ocorreu a adjudicação, ou a alienação, ou a arrematação.

Os requisitos da petição inicial estão previstos no art. 677 do CPC, que estabelece que "o embargante fará a prova sumária de sua posse ou de seu domínio e da qualidade de terceiro, oferecendo documentos e rol de testemunhas" (Brasil, 2015). Porém, deve-se observar, também, os requisitos gerais dispostos no art. 319 do CPC. A resposta aos embargos terão prazo de 15 dias para a apresentação da contestação, conforme dispõe art. 679 do CPC.

Sendo acolhido o pedido inicial do embargante, o ato de constrição judicial que ocorreu de forma indevida será cancelado e haverá o "reconhecimento do domínio, da manutenção da posse ou da reintegração definitiva do bem ou do direito ao embargante", nos termos do art. 681 do CPC (Brasil, 2015).

— 12.7 —
Ação civil pública

A ação civil pública é um instrumento processual que visa à defesa dos direitos ou do interesse da coletividade previstos na CF por meio do acesso coletivo ao Judiciário.

Bezerra Leite (2015, p. 83), em sua obra sobre direito processual do trabalho e direitos humanos, explica a ação civil pública. Vejamos:

> Em verdade, parece-nos que a ação civil pública, por tutelar direitos fundamentais metaindividuais, configura, ao lado de outros remédios constitucionais como o mandado de

segurança coletivo, a ação popular, o mandado de injunção, autêntica cláusula pétrea, imune, portanto, à eventual pretensão do "constituinte derivado" em aboli-la do texto constitucional. Além disso, tendo em vista que a promoção da ação civil pública (CF, art. 129, III) é uma das principais funções institucionais do MP, qualquer tentativa de sua restrição por ato do Presidente da República constitui crime de responsabilidade deste, nos termos do art. 85, II, da CF.

A ação civil pública, quando aplicada à Justiça do Trabalho, é de competência do Ministério Público do Trabalho (MPT). Está prevista na Lei Complementar n. 75, de 20 de maio de 1993, que é a Lei Orgânica do Ministério Público da União, especificamente no art. 83, inciso III, que dispõe que compete ao MPT "promover a ação civil pública no âmbito da Justiça do Trabalho, para a defesa de interesses coletivos, quando desrespeitados os direitos sociais constitucionalmente garantidos" (Brasil, 1993).

De acordo com o art. 54, inciso XIV, do Estatuto da Advocacia – Lei n. 8.906, de 4 de julho de 1994 –, o Conselho Federal da Ordem dos Advogados do Brasil também é competente para "ajuizar ação direta de inconstitucionalidade de normas legais e atos normativos, ação civil pública, mandado de segurança coletivo, mandado de injunção e demais ações cuja legitimação lhe seja outorgada por lei" (Brasil, 1994).

Ainda, ressaltamos que o sindicato da categoria de trabalhadores, por ser considerado um gênero de associação civil, também é legitimado para a propositura da ação civil pública no âmbito da Justiça do Trabalho.

A Súmula n. 736 do STF esclarece que cabe à Justiça do Trabalho "julgar as ações que tenham como causa de pedir o descumprimento de normas trabalhistas relativas à segurança, higiene e saúde dos trabalhadores" (STF, 2021). Logo, trata-se de direitos coletivos garantidos pela CF de 1988 e que, se não observados, são passíveis de ação civil pública.

A Lei n. 7.347, de 24 de julho de 1985, que disciplina a ação civil pública, prevê, em seu art. 2º, que a ação deve ser proposta "no foro do local onde ocorrer o dano, cujo juízo terá competência funcional para processar e julgar a causa" (Brasil, 1985).

— 12.8 —
Ação anulatória de cláusulas convencionais

A ação anulatória de cláusulas convencionais tem por objetivo "a declaração de nulidade de cláusula constante não só de convenções e acordos coletivos, mas, também, de contrato individual de trabalho" (Leite, 2019, p. 1.826). Essa ação não visa apenas à declaração de cláusulas ilegais nos instrumentos de acordos ou convenções coletivas, mas também fazer com que não produzam qualquer efeito entre as partes (Leite, 2019).

No que diz respeito às hipóteses de cabimento, com o advento da Reforma Trabalhista, foi inserido o art. 611-B à

CLT, que institui objetos ilícitos que não poderão ser alterados mediante acordo ou convenção coletiva de trabalho[1].

> Art. 611-B. Constituem objeto ilícito de convenção coletiva ou de acordo coletivo de trabalho, exclusivamente, a supressão ou a redução dos seguintes direitos:
>
> I – normas de identificação profissional, inclusive as anotações na Carteira de Trabalho e Previdência Social;
>
> II – seguro-desemprego, em caso de desemprego involuntário;
>
> III – valor dos depósitos mensais e da indenização rescisória do Fundo de Garantia do Tempo de Serviço (FGTS);
>
> IV – salário mínimo;
>
> V – valor nominal do décimo terceiro salário;
>
> VI – remuneração do trabalho noturno superior à do diurno;
>
> VII – proteção do salário na forma da lei, constituindo crime sua retenção dolosa;
>
> VIII – salário-família;
>
> IX – repouso semanal remunerado;
>
> X – remuneração do serviço extraordinário superior, no mínimo, em 50% (cinquenta por cento) à do normal;
>
> XI – número de dias de férias devidas ao empregado;

---

1 A convenção coletiva de trabalho (CCT) é o acordo firmado entre dois sindicatos – o do empregado e do empregador –, abrangendo todas as empresas e os empregados vinculados àquele sindicato. Já o acordo coletivo de trabalho (ACT) é realizado entre o sindicato dos trabalhadores com uma ou mais empresas específicas, ou seja, não abrange todas as empresas da categoria, mas deve utilizar as diretrizes básicas da CCT em vigência como parâmetro para o acordo.

XII – gozo de férias anuais remuneradas com, pelo menos, um terço a mais do que o salário normal;

XIII – licença-maternidade com a duração mínima de cento e vinte dias;

XIV – licença-paternidade nos termos fixados em lei;

XV – proteção do mercado de trabalho da mulher, mediante incentivos específicos, nos termos da lei;

XVI – aviso prévio proporcional ao tempo de serviço, sendo no mínimo de trinta dias, nos termos da lei;

XVII – normas de saúde, higiene e segurança do trabalho previstas em lei ou em normas regulamentadoras do Ministério do Trabalho;

XVIII – **adicional de remuneração para as atividades penosas, insalubres ou perigosas;**

XIX – aposentadoria;

XX – seguro contra acidentes de trabalho, a cargo do empregador;

XXI – ação, quanto aos créditos resultantes das relações de trabalho, com prazo prescricional de cinco anos para os trabalhadores urbanos e rurais, até o limite de dois anos após a extinção do contrato de trabalho;

XXII – proibição de qualquer discriminação no tocante a salário e critérios de admissão do trabalhador com deficiência;

XXIII – proibição de trabalho noturno, perigoso ou insalubre a menores de dezoito anos e de qualquer trabalho a menores de dezesseis anos, salvo na condição de aprendiz, a partir de quatorze anos;

XXIV – medidas de proteção legal de crianças e adolescentes;

XXV – igualdade de direitos entre o trabalhador com vínculo empregatício permanente e o trabalhador avulso;

XXVI – liberdade de associação profissional ou sindical do trabalhador, inclusive o direito de não sofrer, sem sua expressa e prévia anuência, qualquer cobrança ou desconto salarial estabelecidos em convenção coletiva ou acordo coletivo de trabalho;

XXVII – direito de greve, competindo aos trabalhadores decidir sobre a oportunidade de exercê-lo e sobre os interesses que devam por meio dele defender;

XXVIII – definição legal sobre os serviços ou atividades essenciais e disposições legais sobre o atendimento das necessidades inadiáveis da comunidade em caso de greve;

XXIX – tributos e outros créditos de terceiros;

XXX – as disposições previstas nos arts. 373-A, 390, 392, 392-A, 394, 394-A, 395, 396 e 400 desta Consolidação.

Parágrafo único. Regras sobre duração do trabalho e intervalos não são consideradas como normas de saúde, higiene e segurança do trabalho para os fins do disposto neste artigo. (Brasil, 1943)

A legitimidade para propor a ação de cláusulas de acordo coletivo ou convenção coletiva é do MPT, que atuará na defesa dos trabalhadores submetidos a cláusulas abusivas em acordos ou convenções a que estão submetidos. As partes são as envolvidas no acordo e a competência será do respectivo TRT ou do

TST, desde que a cláusula abusiva viole liberdades ou direitos fundamentais dos empregados. Explica Bezerra Leite (2019) que o sindicato ou a empresa não têm legitimidade para propor a ação anulatória em sua própria defesa.

Considerações finais

Diante de toda a extensão do conteúdo apresentado no percurso deste livro, podemos concluir que o processo do trabalho muito tem a ser estudado. Embora o Código de Processo Civil (CPC) seja recorrentemente aplicado no processo trabalhista de forma subsidiária, de nada adianta dominar tais dispositivos se, no momento da aplicação ao processo do trabalho, o operador do direito não tiver pleno conhecimento tanto da teoria quanto da prática trabalhista.

Ressaltamos que todos os capítulos desta obra foram fundamentados apenas na legislação vigente, sem comparações com a legislação anterior à Reforma Trabalhista nem com o CPC anterior ao de 2015. Optamos por assim proceder com vistas a facilitar o entendimento do leitor, seja estudante, seja operador de direito que está iniciando sua jornada na área trabalhista.

Com o advento da Reforma Trabalhista em 2017, muitas mudanças ocorreram em todo o cenário nacional para as relações de trabalho. Não apenas o empregado e o empregador tiveram de se adaptar às novas mudanças, mas todos aqueles que fazem do direito seu trabalho diário, desde os estagiários de escritórios até aos ministros dos tribunais superiores, que ainda hoje precisam trazer novos entendimentos ao ordenamento jurídico brasileiro sobre a nova legislação.

O livro está dividido em cinco partes, cada uma com os respectivos capítulos, a fim de tornar didático o uso deste manual e propiciar melhor compreensão das fases processuais que ocorrem dentro da Justiça do Trabalho.

A doutrina utilizada como base neste livro foi selecionada em razão do amplo conhecimento teórico e prático dos autores na área trabalhista. Os conceitos e as explicações sobre determinadas matérias aqui trazidos são aplicados de forma de objetiva, facilitando a compreensão do conteúdo pelo leitor, porém sem deixar de lado os aspectos técnicos necessários para o bom andamento das relações jurídicas.

Resta claro que, historicamente, o direito do trabalho e o processo do trabalho tiveram uma longa jornada de lutas e revoluções para que os direitos da classe trabalhadora fossem cada vez mais conquistados e garantidos no ordenamento jurídico brasileiro. Apesar de toda as mudanças já ocorridas, sabemos que elas não cessam, pois, conforme o desenvolvimento da sociedade e do Estado Democrático de Direito, a necessidade de aprimoramento da legislação está mais presente no cotidiano e nós, operadores do direito, somos o instrumento para levar a aplicação desse conhecimento para a sociedade.

Por fim, esclarecemos que este manual não deve ser seu único instrumento de estudos, tendo em vista o extenso campo de legislação e de entendimentos jurisprudenciais e doutrinários sobre o processo do trabalho. No entanto, esperamos que tenha sido um instrumento para a compreensão inicial e para o despertar de reflexões naqueles que buscam o aperfeiçoamento incessante na área processual trabalhista.

Lista de siglas

ACT	Acordo coletivo de trabalho
CCT	Convenção coletiva de trabalho
CF	Constituição Federal
CLT	Consolidação das Leis do Trabalho
CPC	Código de Processo Civil
EC	Emenda Constitucional
MPT	Ministério Público do Trabalho
MPU	Ministério Público da União
OJ	Orientação jurisprudencial
RITST	Regimento Interno do Tribunal Superior do Trabalho
RO	Recurso ordinário

RR	Recurso de revista
SBDI-1	Subseção I Especializada em Dissídios Individuais
SBDI-2	Subseção II Especializada em Dissídios Individuais
SDC	Seção de Dissídios Coletivos
SDI	Seção Especializada em Dissídios Individuais
STF	Supremo Tribunal Federal
TRT	Tribunal Regional do Trabalho
TST	Tribunal Superior do Trabalho

Referências

ALMEIDA, C. L. de. **Direito processual do trabalho.** Belo Horizonte: Del Rey, 2006.

ALVIM, A. **Contencioso cível no CPC/2015.** São Paulo: Revista dos Tribunais, 2016.

BOBBIO, N. **Teoria do ordenamento jurídico.** Tradução de Maria Celeste Cordeiro Leite dos Santos. 6. ed. Brasília: Ed. da UnB, 1995.

BRASIL. Constituição (1988). **Diário Oficial da União**, Brasília, DF, 5 out. 1988. Disponível em: <http://www.planalto.gov.br/ccivil_03/constituicao/constituicao.htm>. Acesso em: 15 mar. 2021.

BRASIL. Decreto-Lei n. 5.452, de 1º de maio de 1943. **Diário Oficial da União**, Poder Executivo, Brasília, DF, 9 ago. 1943. Disponível em: <http://www.planalto.gov.br/ccivil_03/decreto-lei/del5452.htm>. Acesso em: 15 mar. 2021.

BRASIL. Lei n. 5.584, de 26 de junho de 1970. **Diário Oficial da União**, Poder Legislativo, Brasília, DF, 26 jun. 1970. Disponível em: <http://www.planalto.gov.br/ccivil_03/leis/l5584.htm>. Acesso em: 15 mar. 2021.

BRASIL. Lei n. 7.347, de 24 de julho de 1985. **Diário Oficial da União**, Poder Executivo, Brasília, DF, 24 jul. 1985. Disponível em: <http://www.planalto.gov.br/ccivil_03/leis/l7347orig.htm>. Acesso em: 15 mar. 2021.

BRASIL. Lei n. 8.906, de 4 de julho de 1994. **Diário Oficial da União**, Poder Legislativo, Brasília, DF, 5 jul. 1994. Disponível em: <http://www.planalto.gov.br/ccivil_03/leis/l8906.htm>. Acesso em: 15 mar. 2021.

BRASIL. Lei n. 10.406, de 10 de janeiro de 2002. **Diário Oficial da União**, Poder Legislativo, Brasília, DF, 11 jan. 2002. Disponível em: <http://www.planalto.gov.br/ccivil_03/leis/2002/l10406compilada.htm>. Acesso em: 15 mar. 2020.

BRASIL. Lei n. 12.016, de 7 de agosto de 2009. **Diário Oficial da União**, Poder Executivo, Brasília, DF, 10 ago. 2009. Disponível em: <http://www.planalto.gov.br/ccivil_03/_ato2007-2010/2009/lei/l12016.htm>. Acesso em: 15 mar. 2021.

BRASIL. Lei n. 13.105, de 16 de março de 2015. **Diário Oficial da União**, Poder Legislativo, Brasília, DF, 17 mar. 2015. Disponível em: <http://www.planalto.gov.br/ccivil_03/_ato2015-2018/2015/lei/l13105.htm>. Acesso em: 15 mar. 2021.

BRASIL. Lei n. 13.467, de 13 de julho de 2017. **Diário Oficial da União**, Poder Legislativo, Brasília, DF, 14 jul. 2017. Disponível em: <http://www.planalto.gov.br/ccivil_03/_ato2015-2018/2017/lei/l13467.htm>. Acesso em: 15 mar. 2021.

BRASIL. Lei Complementar n. 75, de 20 de maio de 1993. **Diário Oficial da União**, Poder Legislativo, Brasília, DF, 21 maio 1993. Disponível em: <http://www.planalto.gov.br/ccivil_03/leis/lcp/lcp75.htm>. Acesso em: 15 mar. 2021.

CARRION, V. **Comentários à Consolidação das Leis do Trabalho**. 25. ed. São Paulo: Saraiva, 2000.

CESÁRIO, J. H. **Recursos no processo do trabalho**: de acordo com a Lei n. 13.105/2015 (CPC/2015), a Lei n. 13.467/2017 (Reforma Trabalhista) e a Instrução Normativa n. 41-2018 do TST. São Paulo: LTr, 2018.

CSJT – Conselho Superior da Justiça do Trabalho. Resolução n. 104, de 25 de maio de 2012. **Diário Eletrônico da Justiça do Trabalho**, Brasília, DF, 28 maio 2012. Disponível em: <http://www.csjt.jus.br/c/document_library/get_file?uuid=f4593446-3ef6-4fe9-a21e-7b473599bc72&groupId=955023>. Acesso em: 15 mar. 2021.

DIDIER JUNIOR, F. **Curso de direito processual civil**: teoria geral do processo e processo de conhecimento. 7. ed. Bahia: Juspodivm, 2007. v. 1.

FREITAS, J. **A interpretação sistemática do direito**. 5. ed. São Paulo: Malheiros, 2010.

GAGLIANO, P. S.; PAMPLONA FILHO, R. **Novo curso de direito civil**: parte geral. 22. ed. São Paulo: Saraiva Educação, 2020. v. 1.

GARCIA, G. F. B. **Curso de direito processual do trabalho**. Rio de Janeiro: Forense, 2012.

GIGLIO, W. D.; CORRÊA, C. G. V. **Direito processual do trabalho**. 15. ed. São Paulo: Saraiva, 2005.

GUIMARÃES, D. T. **Dicionário Universitário Jurídico**. 18. ed. São Paulo: Rideel, 2014.

GUIMARÃES. M. **O juiz e a função jurisdicional**. Rio de Janeiro: Forense, 1958.

JORGE NETO, F. F.; CAVALCANTE, J. de Q. P. **Os recursos no processo do trabalho**. Rio de Janeiro: Lumen Juris, 2007.

LEITE, C. H. B. **Direito processual coletivo do trabalho na perspectiva dos direitos humanos**. São Paulo: LTr, 2015.

LEITE, C. H. B. **Curso de direito processual do trabalho**. 17. ed. São Paulo: Saraiva Educação, 2019.

MARCATO, A. C. **Procedimentos especiais**. 17. ed. São Paulo: Atlas, 2017.

MARINONI, L. G.; ARENHART, S. C.; MITIDIERO, D. **Novo Código de Processo Civil comentado**. São Paulo: Revista dos Tribunais, 2015.

MARTINS FILHO, I. G. da S. **Manual esquemático de direito e processo do trabalho**. 17. ed. São Paulo: Saraiva, 2008.

MARTINS, S. P. **Direito processual do trabalho**. 40. ed. São Paulo: Saraiva, 2018.

MARTINS, S. P. **Manual de direito do trabalho**. 13. ed. São Paulo: Saraiva Educação, 2020.

MIRANDA, J. **Manual de direito constitucional**. 4. ed. Coimbra: Coimbra Editora, 1990. Tomo 1.

NASCIMENTO, A. M. **Curso de direito processual do trabalho**. 15. ed. São Paulo: LTr, 1994.

PAMPLONA FILHO, R.; SOUZA, T. R. P. **Curso de direito processual do trabalho**. 2. ed. São Paulo: Saraiva Educação, 2020.

PEREIRA, L.; SCALÉRCIO, M.; PAVAN, V. **Petição inicial e defesa no processo do trabalho conforme o novo CPC**. São Paulo: LTr, 2017.

PONTES DE MIRANDA, F. C. **Comentários ao Código de Processo Civil**: arts. 444 a 475. Rio de Janeiro: Forense, 1974.

PRESAS ROCHA, A. **Competência da Justiça do Trabalho**: delineando seus contornos. Salvador: Publicação Independente, Kindle, 2008. [e-book].

SALES, F. A. V. B. **Manual de processo do trabalho**. São Paulo: Rideel, 2020.

SARAIVA, R. **Curso de direito processual do trabalho**. 9. ed. São Paulo: Método, 2012.

SCHIAVI, M. **Manual de direito processual do trabalho**: de acordo como o novo CPC, reforma trabalhista – Lei n. 13.467/2017 e a IN. n. 41/2018 do TST. 15. ed. São Paulo: LTr, 2018.

SILVA, J. A. **Curso de direito constitucional positivo**. 24. ed. São Paulo: Malheiros, 2005.

STF – Superior Tribunal Federal. **Súmulas**. Disponível em: <http://www.stf.jus.br/portal/cms/verTexto.asp?servico=jurisprudenciaSumula>. Acesso em: 15 mar. 2021.

STRECK, L. L.; ABBOUD, G. **O que é isto**: o precedente judicial e as súmulas vinculantes? 2. ed. Porto Alegre: Livraria do Advogado, 2014.

TEIXEIRA FILHO, M. A. **Execução no processo do trabalho**. 8. ed. São Paulo: LTr, 2004.

TEIXEIRA FILHO, M. A. **Petição inicial e resposta do réu no processo do trabalho**: atualizado de acordo com o novo CPC e com a Lei n. 13.467/2017. 2. ed. São Paulo: LTr, 2017.

TST – Tribunal Superior do Trabalho. Índice de conciliação da Justiça do Trabalho é o maior de todo o Judiciário, aponta CNJ. **Notícias do TST**, 6 set. 2019. Disponível em: <http://www.tst.jus.br/noticias/-/asset_publisher/89Dk/content/indice-de-conciliacao-da-justica-do-trabalho-e-o-maior-de-todo-o-judiciario-aponta-cnj>. Acesso em: 15 mar. 2021.

TST – Tribunal Superior do Trabalho. **Índice de súmulas do TST**. Disponível em: <https://www.tst.jus.br/sumulas>. Acesso em: 15 mar. 2021.

TST – Tribunal Superior do Trabalho. Orientação Jurisprudencial n. 5 – SDC. **Diário Eletrônico da Justiça do Trabalho**, Brasília, DF, 25, 26 e 27 set. 2012. Disponível em: <https://www3.tst.jus.br/jurisprudencia/OJ_SDC/n_bol_01.html#TEMA5>. Acesso em: 15 mar. 2021.

TST – Tribunal Superior do Trabalho. Orientação Jurisprudencial n. 256 – SBDI-1. **Diário Eletrônico da Justiça do Trabalho**, Brasília, DF, 13 mar. 2002. Disponível em: <https://www3.tst.jus.br/jurisprudencia/OJ_SDI_1/n_s1_241.htm#TEMA256>. Acesso em: 15 mar. 2021.

TST – Tribunal Superior do Trabalho. Regimento Interno do Tribunal Superior do Trabalho. Resolução Administrativa n. 1.937, de 20 de novembro de 2017. **Diário Eletrônico da Justiça do Trabalho**, Brasília, DF, 24 nov. 2017. Disponível em: <http://www.tst.jus.br/documents/10157/2374827/Novo+Regimento+Interno.pdf/40430142-bcd9-cecd-8d28-571d94a966ea>. Acesso em: 15 mar. 2021.

Sobre a autora

Amanda Viega Spaller é especialista em Direito Constitucional pela Academia Brasileira de Direito Constitucional (ABDConst) e mestre em Direito pelo Centro Universitário Internacional Uninter. Desde as primeiras experiências na área do direito, atuou no âmbito trabalhista; portanto, tem extenso conhecimento teórico e prático do direito material e do direito processual do trabalho. É autora de inúmeros artigos científicos, e dois deles foram publicados em livros, os quais relatam a realidade das mulheres nas relações de trabalho: "O Judiciário frente ao cenário de assédio sexual contra mulheres nas relações trabalhistas", publicado na obra *Advocacia criminal feminista*; e "A vulnerabilidade das mulheres nas relações de trabalho durante a pandemia de covid-19", publicado na obra *Pandemia e mulheres*, ambos de 2020. Atualmente, é advogada, professora e membro participante da Comissão de Inovação e Gestão da Ordem dos Advogados do Brasil – Paraná (OAB/PR).

Os papéis utilizados neste livro, certificados por instituições ambientais competentes, são recicláveis, provenientes de fontes renováveis e, portanto, um meio **respons**ável e natural de informação e conhecimento.

FSC
www.fsc.org
MISTO
Papel produzido a partir de fontes responsáveis
FSC® C103535

Impressão: Reproset
Janeiro/2023